南京稀见文献丛刊

南雍咏史

茅家琦 著

南京出版社
南京出版传媒集团

图书在版编目（CIP）数据

南雍咏史 / 茅家琦著. -- 南京：南京出版社，
2017.6
（南京稀见文献丛刊）
ISBN 978-7-5533-1788-5

Ⅰ. ①南… Ⅱ. ①茅… Ⅲ. ①中国历史—史评 Ⅳ.
①K207

中国版本图书馆CIP数据核字（2017）第115152号

丛 书 名：南京稀见文献丛刊
书　　名：南雍咏史
作　　者：茅家琦
出版发行：南京出版传媒集团
南 京 出 版 社
社址：南京市太平门街53号　　邮编：210016
网址：http://www.njcbs.cn　　电子信箱：njcbs1988@163.com
淘宝网店：http://njpress.taobao.com　　天猫网店：http://njcbcmjtts.tmall.com
联系电话：025-83283893、83283864（营销）　025-83112257（编务）
出 版 人：朱同芳
出 品 人：卢海鸣
责任编辑：张　龙　刘　娟
装帧设计：王　俊
责任印制：杨福彬

制　　版：南京新华丰制版有限公司
印　　刷：南京工大印务有限公司
开　　本：890毫米×1240毫米　1/32
印　　张：4.625
字　　数：96千
版　　次：2017年6月第1版
印　　次：2017年6月第1次印刷
书　　号：ISBN 978-7-5533-1788-5
定　　价：30.00元

淘宝网店

天猫网店

学术顾问

编委会

总 序

南京是我国著名的七大古都之一，又是国务院首批公布的24座历史文化名城之一。有将近2500年的建城史，约450年的建都史，号称“六朝古都”“十朝故都”。南京的地方文献是中华历史文化资源的一个重要组成部分，是研究我国政治、经济、军事、文化和民风民俗的重要资料。按照南京市委、市政府以科学发展观统领全局的要求，配合经济发展与城市建设，深度挖掘历史文化资源，做好历史文献整理出版工作，不仅有利于传承、弘扬南京历史文化，提升南京品位，扩大南京知名度，也有利于当前的物质文明、精神文明、政治文明和社会文明建设。

长期以来，南京地方文献还没有系统地整理出版过，大量的南京珍贵文献散落在全国各地的图书馆和民间。许多珍贵的南京文献被束之高阁，无人问津，有的随着岁月的流逝而湮没无闻。广大读者想要查找阅读这些散见的地方文献，费时费力，十分不便。为开发和利用好这一祖先留给我们的文化瑰宝，充分发挥其资治、存史、教化、育人功能，南京出版传媒集团·南京出版社组织了一批专家和相关人员，致力于搜集整理出版南京历史上稀有的、珍贵的经典文献，并把《南京稀见文献丛刊》精心打造成古都南京的文化品牌和特色名片。为此，我们在内容定位上是全方位、多视角地展示南京文化的深层内涵和丰富魅力；在读者定位上是广大知识分子、各级党政干部以及具有中等以上文化程度的人；在价值定位上，丛书兼顾学术研究、知识普及这两者的价值。这套丛书的版本力求是国内最早最好的版本，点校者力求是南京地方文化方面的专家学者，在装帧设计印刷上也力求高质量。

总之，我们力图通过这套丛书的出版，扩大稀见文献的流传范围，让更多的读者能够阅读到这些文献；增加稀见文献的存世数量，保存稀见文献；提升稀见文献的地位，突显稀见文献所具有的正史史料所没有的价值。

《南京稀见文献丛刊》编委会

前 言

一

回忆读书时，对一些历史问题的观点，往往以“诗”的形式记录下来。时间一长，居然积累了三百多首。诗以论史，聊抒思想，既非洪钟之轰鸣，亦无寒蛩之唧唧，更无水秀与山明。特编印成册，以赠友好，敬请指正。

二

“诗言志”，这是传统的观点，“志”就是“思想”。在心为志，发言成诗。很显然，诗应该包括两个方面的内容，一是触景生情，抒情写景；二是读史沉思，写诗讲史。也就是说，一是抒发对现状的情感，二是抒发对历史的观点。

三

历史上的著名诗人往往写了不少咏史诗篇。李白的《蜀道难》就是一篇杰出的咏史诗。杜甫高度评价诸葛亮，写了好几首关于评价“三国”历史和诸葛亮的诗作。

除李、杜以外，不少唐朝著名诗人也写了许多咏史诗。

白居易的《长恨歌》就是一篇著名的咏史诗。除了白居易的《长恨歌》以外，再举几个例子如下：

（一）贾生

李商隐

宣室求贤访逐臣，贾生才调更无伦。
可怜夜半虚前席，不问苍生问鬼神。

（二）陇西行

陈陶

誓扫匈奴不顾身，五千貂锦丧胡尘。
可怜无定河边骨，犹是春闺梦里人。

（三）金谷园

杜牧

繁华事散逐香尘，流水无情草自春。
日暮东风怨啼鸟，落花犹似堕楼人。

（四）没蕃故人

张籍

前年戍月支，城下没全师。
蕃汉断消息，死生长别离。
无人收废帐，归马识残旗。
欲祭疑君在，天涯哭此时。

刘禹锡也写了不少咏史诗。他写了一组古都金陵的史诗来总结历史教训。其中有：

石头城

山围故国周遭在，潮打空城寂寞回。

淮水东边旧时月，夜深还过女墙来。

乌衣巷

朱雀桥边野草花，乌衣巷口夕阳斜。

旧时王谢堂前燕，飞入寻常百姓家。

台城

台城六代竞豪华，结绮临春事最奢。

万户千门成野草，只缘一曲后庭花。

到了宋代，史诗有了发展，更多的诗人，写下了不朽的咏史诗。金元朝时期著名学者耶律楚材写下了《怀古一百韵寄张敏之》。刘晓教授在《耶律楚材评传》一书中写道："耶律楚材写给张本的这首长诗，共分两部分，其中，前一部分历述了中国自三皇五帝开始到耶律楚材所处时代为止几千年的历史发展长河，并将自己的褒贬之意寓于字里行间。他曾向粘合重山谈到过自己写这些诗的目的为'非徒作己，使世人知成败之可鉴，出世之人识兴废之不常也'。"（南京大学出版社 2001 年版，第 328 页）

诗者，文章之蕴。史诗比史学论文要更加凝练，更加含蓄。区区几十个字，不需长篇阔论，就可以刻画一件国家民族的大事，评论一位伟大历史人物一生的功过是非，因此，这种文体得到学者的重视和欢迎，历久弥新。清代赵翼就是一位杰出的史诗专家。

赵翼的咏史诗有一个特点，就是强调"思力"——思想水平。他有一句名言："李杜诗篇万口传，至今已觉不新鲜。江山代有才人出，各领风骚数百年。"(《论诗》)赵翼写作的史诗，对历史人物的活动予以深入的观照。知人论世，知人写诗，这就有助于更加深入地认识历史人物和事件的本质。

赵兴勤教授在《常州清代文化研究丛书·赵翼评传》中写道：

“诗歌立意上的翻新，乃充分体现瓯北‘思力’之所在，这也是他力图突破前人格范的重要举措。唐玄宗天宝末年的‘安史之乱’，后人往往认为是因为李隆基宠溺杨玉环而酿成。……白居易在《胡旋女》诗中称：‘禄山胡旋迷君眼’，‘贵妃胡旋惑君心’，将杨贵妃与安禄山同视作惑乱朝纲的罪魁。刘禹锡在《马嵬行》中说：‘军家诛佞幸，天子舍妖姬’，则以‘妖姬’直斥杨妃。”（江苏人民出版社2008年版，第308~309页）

赵翼的观点如何？《赵翼评传》写道：

“他（赵翼）在《古来咏明妃、杨妃者多失其平戏作二绝》（之二）中写道：‘鼙鼓渔阳为翠蛾，美人若在肯休戈？马嵬一死追兵缓，妾为君王拒贼多。’这里，诗人笔触并未停留在前人为杨妃鸣屈的层面，而是向更深的层次跌进，揭示出杨妃之死在安定当时社会局势中的重要作用。……纵览历史典籍，像这样公然为‘妖姬’评功摆好者极少。而瓯北摆脱了传统思想的束缚，调整观察问题的视角，从当时特有的客观形势来评价杨妃之死的价值，得出新人闻见的结论。”（出处同上）

赵翼将史诗发展到一个新的高度。他的杰出贡献主要在于：史家必须提高史学研究的思辨水平——亦即赵翼所说的“思力”。

四

史学论文与咏史诗有共同点，即两者都体现作者史学研究的成果，都是作者研究历史、对自己观点的表述；不同的地方则在于不同的表述方式——一种是采取学术论文的方式，另一种则是采取古体诗的方式。史学论文必须摆事实、讲道理，说理透彻，根据充分。咏史诗则重视史料给作者造成的形象的高度概括，形象鲜明，印象深刻。由此可见，这两种史书体裁是由不同的思维方式产生的。史学论文采取的是逻辑思维；咏史诗采取的则是逻辑思维和形象思维的结合。这两者的关键都在于作者深入研究历史，从而形成自己对历史人物和事件的理论观点和形象。这也就是赵翼反复强调的提高作者的“思力”的精神所在。

下面就收录在这部小册子中的若干首诗为例，说明我对若干历史人物和历史事件的思考。

对诸葛亮的历史评价，杜甫、刘禹锡、杜牧等学者都有许多优秀诗作流传给后代，歌颂了诸葛亮一生的功勋事业。我个人研究各大家的著作以后，也写了一首《诸葛亮》，内容如下：

三分欺弱小，五伐表忠心。
巴蜀已疲惫，江东无好音。
内修遭忽视，外变亦难寻。
宇宙垂名大，诗人泪满襟。

又如对孙中山的研究，学者的著作很多。但我发现还有一大缺憾，即对孙中山晚年的思想研究还不够。因此我写了《晚年孙中山》，内容如下；

会议年初志气牛，先生岁底出新谋。
天津公布小纲领，神户宣传大亚洲。
放弃南方思一统，单骑北上显真求。
和平奋斗救中国，叮嘱喃喃语不休。

我还写了一首关于讨论“中学为体、西学为用”问题的诗。当年湖广总督张之洞提出这个命题，引起一场争论。严复以“牛有牛的体和用，马有马的体和用”来批判张之洞的理论，获得学术界的广泛赞同，几乎成为学术界的定论。

我发觉严复的观点也还值得再研究。晚清十年的历史不能证明严复的观点是正确的，因此写了一首诗表明我的观点，内容如下：

总督奏陈西用彰，十年天下换新妆。
东瀛成立同盟会，南粤发来起义枪。
武汉炮声惊世界，沪滨和议变中央。
绅商兵教齐心力，国体最终效外洋。

我还要汇报我对近百年的中国历史的总结性的观点。我写了两首五绝：

（一）

皇上坐巍峨，臣工跪折磨。
丧权又辱国，犹唱万年和。

（二）

借箸思人杰，摧锋只病梅。

腐儒空感慨，振聩两声雷。

这两首诗的主旨是说明在专制主义的统治下，摧毁了人才——人变成了“病梅”、“腐儒”，这是中国社会政治、经济、文化长期落后的深层次的原因。龚自珍首先提出了这个问题；稍后，魏源提出解决问题的基本途径——“师夷”。“病梅”和“师夷”，这是两声惊雷，准确地指出了中国社会的弊端以及走向富强的道路，在中国思想界起了积极的启蒙作用。百余年来，先进的中国人进行改革、革命，追求繁荣、富强的各种努力，都是这两条思想——“解放思想，培养人才”和“学习了外国的先进经验”的结果。

五

收录在这本小册子中的310首咏史诗，就其内容看，包括传统文化思想、民族关系、历史人物、历史事件、近代思想启蒙以及学校教育等诸多方面；中心的观点则是围绕思想与历史发展的关系、史学理论和方法，抒发个人的观点，其中具有总结性的是：《思想合力构铸历史》四首和《读史小结》四首。

四首《思想合力构铸历史》的内容如下：

（一）

农战经年统九州，李朱风貌不相侔。

君臣常守富和贵，上下深知水与舟。

道盗生僧文字狱，勋功故旧死人囚。
多元思想多元果，传统辞章欠至周。

（二）

西陲立国众人歧，变法商鞅十载奇。
发展军情大将翦，创新政治丞相斯。
赵高独断害贤士，二世登台竟白痴。
解读兴亡述往事，君臣思想不能离。

（三）

究古深沉冷又冷，书生争论学常青。
帝王专制周期律，民主自由富国经。
多域逡巡有变故，几家改革不留停。
全球历史人开辟，思想多元构类型。

（四）

雪泥鸿爪难消磨，八七光阴一瞬过。
东亚乱生武士道，西欧祸起墨希魔。
蒙巴方案二分国，高乐集权五共和。
回顾全球洲六大，不才观点证明多。

四首《读史小结》内容如下：

（一）实证

搜罗伤肚肠，史料太洋洋。
板凳十年冷，青春黑档房。

（二）思辨

学者重三思，读书贵有疑。
过关又斩将，假说变新知。

（三）进化认识论

大道太精微，读书识几希。
弘扬进化论，求是又知非。

（四）历史研究悖论多

历史研究悖论多，百年岁月尽蹉跎。
全凭心血求真道，兴趣老来识舛讹。

六

最后，我还要借此机会，向读者汇报一下我个人对“咏史诗”的一点不成熟的心路历程。

早在1965年，匡亚明校长提出“打通文史哲”的思想，我一直在考虑学习历史与学习哲学和文学的关系问题。近年来，这种观点又得到杰出校友生长龙和黄卫星两位先生的大力支持。《南雍咏史》就是“史文哲”三打通的一次尝试。它的特点是：从研究对象说是历史事件和历史人物；从研究方法说，采取哲学的人生论、认识论和价值论方面的思辨精神；从成果的表现形式看，则是古体诗而不是论文。

在这项尝试的过程中，我深深地感到个人学力很不足（包括在哲学、文学，也包括个人主修的史学在内），至诚地希望各位先进、各位读者多加指正！

2017年2月20日于南京大学，时年九十整

目录

一、学点咏史诗

三杰大风歌[1]

庄老火花多，黑康细琢磨[2]。

马迁钻古籍，三杰大风歌。

注：①研究历史需要学点文学和哲学。“三杰大风歌”一句，用汉高祖依靠萧何、张良、韩信三杰取得天下的典故，来说明文学和哲学对于研究历史的重要意义。

②“庄老”“黑康”指庄子、老子、黑格尔和康德。

诗以咏史

铁马颂英烈，江郎赋小别。

老来爱九思，诗史两联结[1]。

注：①历来律绝诗的内容，大致可以分为两大类：一类是铁马干戈，歌功颂德；另一类是良辰美景，离情别绪。将诗与史结合起来的史诗，在中外史书中是存在的，有些诗篇还有很高的水平，但是，并不太多。

拜师学诗

七十年前一暑天，堂前深柳学诗篇。
古心古貌皆规劝，白发白须亦教鞭。
绛帐情深多训我，绿杨春去尽思仙。
今朝小子恨才浅，回忆师恩只愧然。

价值论（一）

理性弘扬科学兴，物资丰富病魔增。
全球人士忙环保，价值永恒又上升。

价值论（二）

社会滞停历史长，中华文化重纲常。
千年名学凋零尽，价值功能再上场[1]。

注：①人生哲学与思辨哲学不能分开。中国传统只重视人生论，忽视认识论，是一大缺陷。

价值论（三）

理性人仁一个家，还需价值来参加。
近期终极两方面，考虑周全耀彩霞[1]。

注：①“近期”利益应该服从“终极”利益，或者说“近期”利益必须与“终极”利益结合起来考虑，才能取得良好的社会效果。

思想合力构铸历史（一）

农战经年统九州，李朱风貌不相侔[1]。
君臣常守富和贵，上下深知水与舟[2]。
道盗生僧文字狱，勋功故旧死人囚[3]。
多元思想多元果，传统辞章欠至周。

注：①指李世民和朱元璋两个人的思想和历史事业都不一样。
②指李世民的思想和事业。
③指朱元璋的思想和事业。

思想合力构铸历史（二）

西陲立国众人歧，变法商鞅十载奇[1]。
发展军情大将翦，创新政治丞相斯[2]。
赵高独断害贤士，二世登台竟白痴[3]。
解读兴亡述往事，君臣思想不能离。

注：①商鞅变法，秦国强大。
②秦将王翦建立军功；丞相李斯在政治上有功绩。
③二世白痴，登台后，赵高专政，杀害贤臣。

思想合力构铸历史（三）

究古深沉冷又冷，书生争论学常青。
帝王专制周期律，民主自由富国经。
多域逡巡有变故，几家改革不留停。
全球历史人开辟，思想多元构类型。

思想合力构铸历史（四）

雪泥鸿爪难消磨，八七光阴一瞬过。
东亚乱生武士道，西欧祸起墨希魔。
蒙巴方案二分国，高乐集权五共和[①]。
回顾全球洲六大，不才观点证明多。

注：①蒙巴顿方案导致印巴分治。戴高乐主张加强行政权力，导致全民公投通过法兰西第五共和国宪法，并建立法兰西第五共和国。

二、传统文化的精华与糟粕

人仁与理性

入井仓皇际，牵牛觳觫辰[①]。

弘扬内外籓，进化求真知[②]。

注：①这两句照录朱熹《仁术》原句，指孟子解读“仁政”的两个例子：一个例子是突然见到小孩子要掉到井里去了，人都会有一种惊惧同情之心；另一个例子是齐宣王坐在大殿上，有人牵牛经过，王见牛因恐惧而发抖，心中不忍，下令以羊代替。

②后两句指弘扬理性精神。“进化”指“进化认识论”。

天之大德曰生

牧民首在德，大德生为先[①]。

生有养安教，圣人教后贤[②]。

注：①《盘庚》云：“施实德于民。”《易》云：“天地之大德曰生。”

②《孟子》云：安民、养民、教民为三项“仁政”措施。

不忍之心

不忍心怀不可忘，孟轲忠告齐宣王[1]。

老人老与幼人幼，天下太平日月长。

注：①见《孟子·梁惠王下》。

知止足

圣人知止足，身外视荣辱[1]。

小国寡民居，无私又少欲。

注：①老子曰："知足不辱，知止不殆，可以长久。"

中国传统文化中弘扬人文精神的，不仅有儒家学派，而且有其他学派。这首诗说的是老子，下面还要述及荀子和墨子。

和大怨

号能不嗄和之至[1]，执左契而拒责人[2]。

大怨转圜天下治，老聃哲学真精神。

注：①老子曰："终日号而不嗄，和之至也。"

②老子曰："和大怨，必有余怨，报怨以德，安可以为善？是以圣人执左契，而不责于人。"

我无欲而民自朴

我无欲而民自朴，圣人慈俭不为先[1]。

休言道德是空想，化起功能千百年[2]。

注：①老子曰："我无欲而民自朴。"又曰："我有三宝，持而保之：

一曰慈，二曰俭，三曰不敢为天下先。慈，故能勇；俭，故能广；不敢为天下先，故能成器长。”

②“化起”指“化性起伪”。荀子曰：“圣人化性而起伪，伪起而生礼义。”（《荀子·性恶》）千百年来，不少历史人物具有高度的道德修养，说明人是能够“化性而起伪”的。

《大学》

国治靠心正，修身要致知①。

先贤一席话，万世应为师。

注：①《大学》云：“物格而后知至，知至而后意诚，意诚而后心正，心正而后身修，身修而后家齐，家齐而后国治，国治而后天下平。”

孔子

哲学人生仁与恕，求知为政吾从周。

两条评定老夫子，加冕何须闹不休①。

注：①这首诗提出评定孔夫子思想的两条观点：在人生观方面提倡高度的人文精神；在政治思想方面，则提出“吾从周”（《论语·八佾》）——倒退。

墨子（一）

兼爱交相利两门①，背周用夏显灵魂②。

待人如己无差等，不信儒家亲与尊。

注：①墨子思想精华的核心是：兼相爱，交相利。

②《淮南子·要略》云：“墨子……背周道而用夏政。”

墨子（二）

义难听止步朝堂，道不行坚决拒赏[①]。

穷达无关爱大众，破衣草履往来忙[②]。

注：①墨子说："道不行不受其赏，义不听不处其朝。"(《墨子·贵义》)这是很高的道德要求，比儒家学说更高一层。

②儒家提倡达则兼善天下，穷则独善其身。

性善与性恶

性恶荀卿倡起伪，孟轲主善说几希。

原来水火两家敌，教化功夫又互依[①]。

注：①荀子提倡性恶，但又提倡"化性起伪"，通过教化提高人们的道德水平。孟子提倡性善，但又认为"人之所以异于禽兽者几希"(《孟子·离娄下》)，也主张通过教化，提高人的道德素质。在通过教化提高人的道德素质问题上，两位学者具有共同的认识。

战争征讨罪人国

战争征讨罪人国，不虏二毛不杀伤[①]。

不鼓不成列古训，蠢猪未必太荒唐[②]。

注：①《礼记》云：战争是征讨"罪人之国"。即使入"罪人之国"，也还要"不重伤，不擒二毛"(《左传·僖公二十二年》)。

②指宋襄公的故事。

孙子兵法（一）

不义战争闹不休，军情理论出新猷[①]。

中华酷爱和平国，底事兵书誉四洲[②]。

注：①《孟子·尽心下》云："春秋无义战。"频繁的征伐——不义之战，导致兵学研究的繁荣，《孙子兵法》《孙膑兵法》《吴起兵法》等一类著名兵书先后问世。

②中国人民爱好和平，兵学的繁荣，说明什么？这首诗提出问题并没有回答问题，不过，作者的倾向性是十分明确的。

孙子兵法（二）

止戈为武莫踌躇，禁暴消灾百姓舒[①]。

兵法和平真道理，将军侵略不知书。

注：①《左传·宣公十二年》："楚子曰：'非尔所知也。夫文，止戈为武。'"《汉书·武五子传》："是以仓颉作书，止、戈为武。圣人以武禁暴整乱，止息干戈，非以为残而兴纵之也。"

熙熙攘攘皆为利

熙熙攘攘皆为利，发聩振聋太史公[①]。

贪欲根源在兽性，弘扬人道启蒙蒙。

注：①太史公曰："天下熙熙，皆为利来；天下攘攘，皆为利往。"（《史记·货殖列传》）这是对当时社会现象的一种概括，不应视为对"熙熙攘攘"现象的辩护。

帝王思想（一）

瀛秦刘项状元郎，一样肮脏拜帝王。
承运奉天狼虎窟，题名金榜是非场。
荒坟化作斜阳路，宫殿变成野草墙。
历代都行旧政制，长长短短总丧亡。

帝王思想（二）

皇帝幽灵笼四方，农民同样拜君王。
贪官反罢存专制，杨氏灭亡兴李唐。
提出维新改革案，也成邪说异端防。
重提历史循环事，思想启蒙第一场[①]。

注：①这一联说明，在历史上，反贪污也好，农民战争也好，其结果仍然都保存了帝王专制制度，帝王思想仍然主宰着中国政治。

帝王思想（三）

金銮宝殿脑生根，承运奉天缠住魂。
辛亥一枪制度变，乙丁两展帝王幡[①]。
共和几位终身制，民选三连众口喧[②]。
何日再来南海客，紧箍有咒套猢孙。

注：①指丁巳年张勋复辟和乙卯年袁世凯称帝。
②“三连”指蒋介石三次连任“总统”。

神权政治

神权政治起盘庚，历史千年最特征[①]。
承运奉天只一帝，三江四海尽群氓。
黄巾当立杀污吏，太子下凡夺帽缨。
局势迷茫需望气，碟仙指示藏和行[②]。

注：①自古以来，皇权主义主宰着中国政治，同时神权也主宰着中国政治。自盘庚以来，这种传统就已经形成。

②“望气”和请教“蝶仙”都是20世纪50年代以前，民间流行的两种预测吉凶的方法，是神权主义思想在社会上的表现。

心成说（一）

罢黜百家名学凋，大梁又起德知潮[①]。
阳明发展心成说，认识见闻路太遥[②]。

注：①名学是研究认识论的一个学派。大梁指北宋学者张载。张载祖籍大梁，今河南开封。

②“心成说”是指王阳明思想中的认识论。“见闻”指客观存在。

心成说（二）

心成学说要争鸣，压制舆情实自盲。
相对错当绝对看[①]，大师遗憾在终生。

注：①“相对”，指相对真理；“绝对”，指绝对真理。

心成说（三）

心成学说要商量，救弊补偏雪上霜。
深入研究认识论，读书思考学西洋[①]。

注：①意指西洋哲学中的认识论，较中国哲学发达。

祸福根源在五行

祸福根源在五行，消灾去害拜神灵[①]。
追求真道除迷雾，理性弘扬马不停。

注：①自先秦以来，中国思想界在人生论方面，是以儒家伦理道德为主流；在认识论方面，则是以阴阳五行学说为主流。人们为了消灾避祸，向神灵以及祖宗亡灵求助，崇拜祖宗以及其他神灵，以求他们降幅人间，避灾免祸。

太伯仲雍奔吴

后期商代岐山边，何有中原文化传[①]。
接触新知变旧俗，应从寿季问前贤[②]。

注：①有一种盛行的说法：太伯、仲雍奔吴，给江南地区带来先进的中原文化。我则认为，太伯、仲雍奔吴在殷商晚年，殷商晚年的西陲地区何来中原先进文化？
②寿季指吴寿梦和季札。在他们统治时期，都访问中原，了解并吸取了齐鲁文化。

巫风在江苏（一）

战和吴楚闹难休，巫雨傩风继后头。
赛会迎神夫子庙，象天法地有苏州[①]。

注：①吴王邀请伍子胥设计建筑苏州城，伍子胥根据巫文化精神，“象天法地”（《吴越春秋》卷二），以造苏州水陆城。

巫风在江苏（二）

疾病毛娃丢了魂，不需用药不需烦。
神符一道拈神水，鬼怪匆匆退出门。

巫风在江苏（三）

辛劳岁月一年残，大小全家祭灶官。
骑马上天言好事，蜜糖下界保平安。

中华传统文化的基本特点（一）

文化赞巍峩，忠臣义士多。
富强无国策，近代唱丧歌。

中华传统文化的基本特点（二）

经籍任徘徊，荆公变法来。
高呼三不畏，不敌一声雷[①]。

注：①王安石高呼“三不畏”，进行“变法”。

论“思想解放”

大学三条启后朦，古今思想力无穷[①]。
二分《论语》治天下，一部《法经》强穆公[②]。
历代严查文字异，黉门又见教科同。
向前发展成常态，澎湃新潮事业隆。

注：①《大学》云：“大学之道，在明明德，在新民，在止于至善。”“三条”即指明德、新民和至善。

② 指赵普以“半部《论语》”治天下和商鞅以《法经》在秦国进行变法。

三、民族关系

文景之治

未必长城阻大雕，何须马踏称天骄。

外和内治唯文景，兴国惠民学舜尧。

注：①这首诗，赞扬对周边少数民族，排除“武力征伐”政策，采取“内治外和”的政策，从而取得“文景之治”的结果。

汉武帝（一）

保境安民防外强，匈奴马踏却荒唐[①]。

鼙声四面熬年月，野哭千家伤肚肠。

注：①指在打击匈奴、立有“功劳”的西汉将领霍去病墓前立有一座石雕——马踏匈奴，以颂扬他的战功。

汉武帝（二）

贾谊过秦仁义空，汉书武赞不言功[①]。

江山代代名家出，自有天平藏五中。

注：①贾谊在《过秦论》中批评秦始皇不讲仁义，赵翼著《廿二史札记》卷二有《汉书武帝纪赞不言武功》一篇，这两篇都批判秦皇、汉武在对待少数民族问题上迷信武力、不讲仁义的错误。

汉武帝（三）

征伐四夷三十年，民多穷困受熬煎[①]。

上书徐乐言推数，秦世土崩在眼前[②]。

注：①《汉书·五行志》载：汉武帝“征伐四夷，师出三十余年，天下户口减半”。

②徐乐上书武帝称：当时汉朝已面临“土崩”的局势。

汉武帝（四）

批评威国桑弘羊，禁暴力农增食粮[①]。

易辙改弦哀痛诏，有秦之失无秦亡[②]。

注：①桑弘羊上书汉武帝，建议在故轮台以东“益垦溉田，稍筑列亭，连城而西，以威西国”(《汉书·西域传》)。汉武帝不同意，又下《轮台哀痛诏》，提出“禁苛暴、止擅赋、力本农”的政策主张。

②语见《资治通鉴》卷二二《汉纪十四·武帝后元二年》：“有亡秦之失而免亡秦之祸。”

班超

终老将军思玉关[①]，凿空路上血凝寒。

民胞物与西铭语[②]，青史应当另眼看。

注：①东汉明帝、章帝时，名将班超奉命出征西域，在西域生活了 30 年，晚年思念故乡，上疏要求回去，说：“臣不敢望到酒泉郡，但愿生入玉门关。”

②北宋张载《西铭》中有一句名言：“民吾同胞，物吾与也。”

各族各区民自主

炎黄内斗又蚩尤,统一历经夏到周①。

各族各区民自主,不须牢记世间仇②。

注:①从历史传统看,中国古代经过长期混战才走上统一。

②各族各区之间,应该遵循民主和平的原则,处理彼此之间的纠纷。

普天之下皆王土

普天之下皆王土,六合居中有共主①。

爱贵完全忌在偏,何须勒石饥餐虏②。

注:①在中国古代历史上如何对待民族关系是一个很大的问题。我个人认为,必须以人文精神为准则来处理。如果在历史上从来就是两个对立的国家,应该以相互尊重的态度、和平协商的方式,解决相互之间的分歧和冲突;如果在历史上从来就同属一个国家,更应该以相互尊重的态度、和平协商的方式,解决相互之间的分歧和冲突。武力征伐的方式必须绝对禁止。古云:普天之下皆王土。根据这一句话,皇帝也应该以一个统一的国家元首——共主的身份,对待各民族——各族各区民自主。

②从传世的琅琊石刻的铭文看,秦始皇自居为六合之内的共主。铭文云"西涉流沙,南尽北户,东有东海,北过大夏,人迹所至,无不臣者",代表了"天下国家"的观点。既然是"六合之内"的"共主",那么,就应该"爱贵完全忌在偏",不应该出现"渴饮"、"饥餐"(岳飞《满江红》)一类的思想。

在这个问题上，我要介绍一下曾长期在南京大学历史系任教的陈恭禄教授在《中国通史》中的一段话。他写道：

“中国民族通常称为合汉、满、蒙、藏、回族而成。回除新疆缠回而外，仅为信奉回教之人民，实难称为一族。满、蒙、藏人乃指为居于某地之人而不能视为种族不同之民族也。……外人谓我国为纯一民族，诚为事实。此指大体及整个民族而论，其头颅之比例、皮肤之颜色，以及发毛之黑直皆相类也。”（中国工人出版社 2014 年版，第 20 页）

我还要介绍南京大学柳诒徵教授的一段论述。他从中国历史上“文化同化”现象，论述中国是一个统一的文化国家。他在《中国文化史》一书中写道：

“盖华夏之文化，冠绝东方，且夙具吸收异族灌输文化之力。如春秋、战国时，所谓蛮夷戎狄之地，后皆化于华夏，武力虽或不逮，而文教足使心折，是固吾国历史特著之现象也。惟汉以前，政治主权完全在夏族，而他族则以被治者而同化。汉以后政治主权不全在夏族，而他族则以征服夏族者而同化。盖夏族自太古至汉，经历若干年，已呈老大之象，而他族以骁雄劲悍之种性，渐被吾之文教，转有新兴之势。新陈代谢，相磨相镞而成两晋、南北朝之局。其变化迁嬗之迹，固可按史册而推知也。”（上海古籍出版社 2001 年版，第 401 页）这一段论述应该说是有道理的。

以上两位老师的论述，我个人认为，是有说服力的。各族各区人民，一律平等。

“勒石”指东汉窦宪破匈奴，登燕然山，刻石记功事。“饥餐虏”引自岳飞《满江红》词。

汉胡平等无差异

盘古开天又劈地，汉胡平等无差异。
民胞物与赞先贤，一视同仁求利义。

建州有籍越千年

黄帝子孙各地传，建州有籍越千年。
共和五族开新国，驱往何方问逸仙①。

注：①清代内阁档案中有皇太极谕文一道，内云：“我祖宗以来，与大明看边，忠顺有年。……先汗忠于大明，心若金石。”雍正皇帝《大义觉迷录》云：“本朝之为满洲，犹中国之有籍贯。舜为东夷之人，文王为西夷之人，曾何损于圣德乎？”（以上见萧一山《清代通史》卷上（一），中华书局1986年版，第132页及928页）

南北议和

立宪是非争议频，会谈南北为黎民①。
共和五族消歧视，紫禁特区慰爱新②。

注：①南北议和，达成协议，避免了一场大恶战。这是南北双方为了广大人民的利益，采取正确政策的结果。

②南北双方认定“五族平等”，南方宣布优待皇室，保护满族官员私产。北方宣布退位，消除了民族之间的歧视。紫禁城内实际上形成一个优待爱新觉罗皇族的政治特区。

五族共和

炎黄后代斗争长，胡汉儿郎隋与唐[①]。

阴霾停灵千百载，共和五族耀东方[②]。

注：①指隋唐两代中国皇帝都有多民族的血统。

②指宋以后民族之间的战争不断。

四、古代人物与事件

屈原

佞臣用事楚王糟，屈子忧民日夜劳。
众女妒贤已痛恨，两遭流放更煎熬[1]。
仰头愤慨既天问，俯首忧思又辨骚[2]。
人格尊严难独善，汨罗江水润春桃[3]。

注：①《离骚》云："众女嫉余之蛾眉兮，谣诼谓余以善淫。""众女"指小人、佞臣。

②指屈原作《天问》《离骚》。南朝梁刘勰论《楚辞》以"辨骚"标目。

③作者认为，从人格尊严的角度考虑，"穷则独善其身"(《孟子·尽心上》)一说，值得进一步商榷。"春桃"指陶渊明的《桃花源记》。

秦皇（一）

百万生灵造政绩，三千童子拜神仙。
骊山四顾阿房炬[1]，剩有咸鱼伴尔眠[2]。

注：①"骊山"一句，采自张养浩《骊山怀古》："骊山四顾，阿房一炬，当时奢侈今何处？"

②"咸鱼伴尔眠",指秦始皇出巡过程中逝世,遗体运往咸阳时,为避免臭气外溢引起人民觉察,在遗体边放有臭咸鱼一事。

秦皇(二)

秦皇鲜血染龙袍,百万生灵付一刀[①]。
侈说民心思一统,哭声远比笑声高。

注:①秦在消灭六国过程中,导致上百万人员的死亡。

秦二世(一)

六国败亡十五年,大秦二世倏成烟。
刑徒岁岁饥寒亟,戍卒年年怒火燃。
博浪一椎君智弱,渔阳三鼓众心坚[①]。
万间宫殿都灰烬,人兽几希贪欲缠[②]。

注:①"博浪"指张良刺杀秦皇一事;"渔阳"指秦末陈胜、吴广起义。

②"人兽"指孟子名言:"人之所以异于禽兽者几希。"秦之亡,根本原因在于贪欲极度膨胀。

秦二世(二)

鹿马教谆谆,后生不像人。
今天继大位,明日射忠臣。
深谋成诽谤,良言变犬狺。
贾公真见识,直接孟和荀[①]。

注:①贾公指贾谊。这首诗是根据贾谊《保傅》中的观点写成。贾谊关于教育恶劣是导致二世残暴的观点,继承和发展了孟子性善和荀子“化性起伪”的思想。

萧何(一)

子婴系组亡,相国太匆忙①。
收缴秦时律,忘怀博士藏②。
育才无五典,约法仅三章。
少虑常多失,箴言不可忘。

注:①《史记·高祖本纪》:“秦王子婴素车白马,系颈以组(降汉)。”

②指萧何只收缴秦律,忽视保护其他方面的书籍。

萧何(二)

追韩一曲立勋功,尔后丝连长乐宫①。
事业千秋谁判定,盲翁负鼓调难同。

注:①长乐宫,吕后居第。这一句诗指吕后处死韩信,得到萧何支持。

曹操(一)

倒颠几个字,骨格失精神①。
政治斯人搞,黎民战乱频。

注:①曹操宣扬的人生哲学是:宁我负人,毋人负我。

曹操（二）

杀人乐不休，每战鬼神愁。
数十万伤死，水河亦断流[1]。

注：①曹操攻陶谦一役，“杀男女数十万人，鸡犬无余，泗水为之不流”（《后汉书》卷七十三《刘虞公孙瓒陶谦列传》）。

曹操（三）

蒿里揪人心，元凶何处寻。
妖魔怜大众，化作善观音[1]。

注：①曹操作《蒿里行》，对战争给人民群众带来的灾难表示同情与忧伤，但是诗中并没有指出谁是战争的祸首，而将自己打扮成一名同情人民大众苦难的人道主义者。

曹操（四）

诡诈心中藏，曹公运作忙。
自明本志令，吾作周文王[1]。

注：①曹操挟天子而令诸侯，朝内流言：操“有不逊之志”。操作《让县自明本志令》表白自己。有人劝曹操篡汉，操以“吾为周文王”回答。

诸葛亮

三分欺弱小，五伐表忠心①。

巴蜀已疲惫，江东无好音。

内修遭忽视，外变亦难寻②。

宇宙垂名大，诗人泪满襟③。

注：①《隆中对》云："荆州……用武之国，而其主不能守，此殆天所以资将军，将军岂有意乎？益州险塞，沃野千里，天府之土，高祖因之以成帝业。刘璋闇弱，张鲁在北，民殷国富而不知存恤，智能之士思得明君。将军既帝室之胄，信义著于四海，总揽英雄，思贤如渴。若跨有荆、益，保其岩阻，西和诸戎，南抚夷越，外结好孙权，内修政理；天下有变，则命一上将将荆州之军以向宛、洛；将军身率益州之众以出秦川，百姓孰敢不箪食壶浆以迎将军者乎？"（〔西晋〕陈寿《三国志·蜀书》，中华书局1964年版，第912页）

②以上四句，说明北伐中原的条件并不具备。"外变"指北方曹魏势力没有发生重大事件，即没有出现可乘之机。

③指杜甫诗《蜀相》。

晋惠帝

端坐宫中一白痴，皇权恶果不稀奇。

饥民到处成饿殍，百姓何方觅肉糜。

帝后敛财逞杀戮，世家贪渎竞衣靡。

园名金谷瘟神毒，束手名医黄与岐①。

注:①石崇与王恺斗富,金谷园是石崇盖的豪华别墅。“黄与岐”指神医黄帝与岐伯。

六朝王谢

六朝王谢一枝花,潮打空城夕照斜。
休道乌衣异化了,澄江依旧浪淘沙。

唐太宗(一)

纳谏更求谏,懿乎李世民[①]。
慢疏成妩媚,吁咈敢批鳞[②]。
不做睿英主,但尊触犯臣。
贤才奔帐下,何止一官人。

注:①唐太宗不仅能够“纳谏”,而且“求谏”。能“求谏”,离“近代民主”不远矣。

②赵翼《廿二史札记》云:唐太宗“谓朝臣曰:‘人言魏征举止疏慢,我但觉其妩媚耳。’”又云:“贞观君臣间直可追都、俞、吁、咈之盛也。”

唐太宗(二)

鲜血化成一朵花,大唐岂是李渊家[①]。
水舟思想同厮守,贤相圣君语不夸[②]。

注:①指李世民发动“玄武门军事政变”,杀死太子建成及其弟元吉。随后李渊退位,李世民接皇位。

②唐太宗毕竟是一位比秦皇、汉武更有益于人民群众的皇帝。

李白

气象万千诗品奇，人生道路却堪疑。
追求富贵凭双手，沦落布衣皱两眉[①]。
一意上爬再入赘，专心依附又遭危[②]。
当涂叹息身枯槁，白发白须独自窥。

注：①李白想通过"漫游"与"隐居"两种方法取得皇帝的欣赏，从而达到爬上公卿地位的目的，结果未曾做到。

②指李白投入永王李璘幕，兵败老死当涂。

杜甫

安得高楼千万间，大庇寒士俱欢颜[①]。
吾庐独破死无憾，用舍行藏胜尼山[②]。

注：①见杜甫诗《茅屋为秋风所破歌》。

②孔子对颜渊说："用之则行，舍之则藏，唯我与尔有是夫！"(《论语·述而》)杜甫的精神境界远胜孔、颜。

五代

五代政坛血与烟，干戈捧帝舞翩翩[①]。
士兵恃宠恣抢劫，将校居功夺利权。
拥护潞王酬一镇，伏诛张谏族三千[②]。
洛阳风物成灰烬，拯世救民念二贤[③]。

注：①五代诸帝多由军士拥立。

②羽林指挥使杨思权率军哗变，拥护潞王，代价是事成后为节度使。张谏叛原主，事发，株连三千余人。

③“二贤”指张全义和冯道。

冯道

六族子孙遍九州，争权夺利不知羞。
官员四出财粮尽，兵马常来神鬼愁。
丁壮煎熬于利刃，老残呼救在深沟。
痛心世道非人道，叶叶菩提盼小休[①]。

注：①契丹主入晋，尝问冯道：天下百姓如何救得？冯道对曰：“此时百姓，佛再出救不得，唯皇帝救得。”（《旧五代史》卷一百二十六《冯道传》）人皆以为契丹不夷灭国人，赖冯道之一言。

杯酒释兵权

赵皇杯酒释兵权，乔帅黄袍拒绝穿[①]。
一念休言太渺渺，国王联合化成烟。

注：①“乔帅”指乔治·华盛顿。

宋真宗《励学篇》

一篇励学诗，风气顿披靡[①]。
抛却修身志，清廉无日期。

注：①宋真宗作《励学篇》云：“富家不用买良田，书中自有千钟粟。安居不用架高楼，书中自有黄金屋。娶妻莫恨无良媒，书中自有颜如玉。出门莫恨无人随，书中车马多如簇。男儿欲遂平生志，五经勤向窗前读。”他以“读书做官、升官发财”的思想教育后生，完全排斥了《大学》精神。

科举与仕途（一）

影清无鬼捉，风正一帆悬。
白日思三省，诗书读不眠。

科举与仕途（二）

人心世道一层遮，密室深谋化彩霞。
民吾同胞物吾与，读书养性伴桃花。

科举与仕途（三）

秦不坑儒儒自垮，诗书售与帝王家。
紫襕几日成残絮，官府玉堂野草花。

科举与仕途（四）

一梦恨悠悠，梦回半百年。
渊冰都抛却，余日付残篇[①]。

注：①朱熹诗云："履薄（冰）临深（渊）谅无几，且将余日付残篇。"（《御纂朱子全书》卷六十六）

胡瑗

体明用达育才人，定国安邦出重臣。
严密规章身示范，沁心两句万年新[①]。

注：①两句指"致天下之治者在人才，成天下之才者在教化"（〔北宋〕胡瑗《松滋县学记》）。

张载（一）

民吾同胞物吾与[①]，四为更显真精神[②]。

不思富贵只温饱，瓦釜泉甘豆粥新。

注：①“民吾同胞物吾与”是张载《西铭》原句。

②“四为”指张载的四句话：“为天地立心，为生民立命，为往圣继绝学，为万世开太平。”（《张子全书》）

张载（二）

勇对公而怯对私，先生教导读和思。

只思不读成空想，只读不思亦白痴。

读朱熹诗有感（一）

困衡今日非无用，休说囫囵一口吞[①]。

没有青春付苦读，谁人教我识庸言。

注：①朱熹原诗云：“旧喜安心苦觅心，捐书绝学费追寻。困衡此日安无地，始觉从前枉寸阴。”（《困学》）

读朱熹诗有感（二）

如何解困觅真知，夫子倡言要九思[①]。

格竹阳明难入室，先贤卓见亦毛皮[②]。

注：①朱熹原诗如下：“人之进学在于思，思则能知是与非。但得用心才熟后，自然后处有思随。”（《九思》）

②此两句说明：“思”必须有“方法”；王阳明“格竹”的方法是解决不了问题的。

读朱熹诗有感（三）

两籀引来泗水滨，无边景色一时新。

未能深入东风里，万紫千红不是春[①]。

注：①这首诗是学习朱熹诗的体会。朱熹原诗云："胜日寻芳泗水滨，无边光景一时新。等闲识得东风面，万紫千红总是春。"(《春日》)拙诗反其意而用之。取材是清末严复从西方引进内籀和外籀促进中国学术思想的发展。但是，严复没有介绍西方关于"假说"以及"证伪"等科学方法，因此，他也就没有能够有力地推动近代科学在中国的发展。因此这一首诗写了"万紫千红不是春"。下一首也是以同样的精神写出来的。

读朱熹诗有感（四）

半亩方塘一鉴开，天光云影共徘徊。

问渠那得清如许，两证源头活水来[①]。

注：①"两证"指证伪和证实。朱熹原诗如下："半亩方塘一鉴开，天光云影共徘徊。问渠那得清如许？为有源头活水来。"(《观书有感·其一》)

读朱熹诗有感（五）

步随流水觅真颜，走到中途倍觉艰[①]。

云雾深深人渺渺，倚筇处处听潺潺。

注：①朱熹原诗如下："步随流水觅溪源，行到源头却惘然。始信真源行不到，倚筇随处弄潺湲。"(《偶题·其三》)

朱熹论“旧学新知”(一)

旧学新知非绝对,商量培养要深沉[①]。

人间超越靠勤读,国故未尝不及今。

注:①这两句朱熹原诗为:“旧学商量加邃密,新知培养转深沉。”(《鹅湖寺和陆子寿》)

朱熹论“旧学新知”(二)

旧学商量加邃密,新知培养转深沉[①]。

坚修两手求真道,何必再烦霸道吟[②]。

注:①此两句系朱熹原诗句,见上条注。

②“坚修两手”指坚持真理,修正错误。“霸道吟”指用群众运动方式“破旧立新”。

朱熹论“体用”

天理生生本不穷,要从知觉论流通[①]。

应知体用原无间,何必滔滔说异同[②]。

注:①朱熹诗原句云:“天理生生本不穷,要从知觉验流通。若知体用元无间,始笑前来说异同。”(《送林熙之诗五首》)

②指张之洞的学说。

金世宗

仁政爱民小尧舜,世宗皇帝在金朝[①]。

议和南北促安定,减赋还能去重徭。

注:①金世宗完颜雍“恤民意,施仁政”,号称“小尧舜”。

耶律楚材（一）

利禄功名如水流，少年学道拜师丘[1]。

不能仁义君真恨，未戢干戈子最忧[2]。

注：①耶律楚材自称："昔年学道宗夫子。"（《用前韵感事二首》）

②耶律楚材诗原句云："礼仪不张真我恨，干戈未戢是吾忧。"（《和薛正之韵》）

耶律楚材（二）

治国以经佛治心，未行礼乐意沉沉[1]。

渐惊白发宁辞老，不作隆中梁父吟[2]。

注：①耶律楚材提出："以儒治国，以佛治心。"（《湛然居士集》）

②耶律楚材诗云："渐惊白发宁辞老，未济苍生曷敢归。"（《和移剌继先韵》）

张养浩（一）

四月中丞公署住，蒙元少见好官人。

路逢饿殍能亲问，道遇流亡必细询。

乡镇居民全性命，市廛凶霸遇千钧[1]。

辛劳六十留遗憾，自哂未惩乱世臣[2]。

注：①以上四句，取自张养浩曲《喜春来》之二、三，略有改动。

②《喜春来》之三云："还自哂，未戮乱世臣。"

张养浩（二）

列国周齐秦汉楚，万间宝殿都成土。

先生一曲垂千年，成败兴亡百姓苦[①]。

注：①指张养浩《骊山怀古》和《潼关怀古》曲。

张养浩（三）

渎武贪财似暴秦，三篇忠告见精神[①]。

爱民勤政平生志，道德修身内在根。

注：①张养浩著有《三事忠告》，劝告各级官员勤政为民。

读元曲（一）

沉沉古道寂无哗，老树枯藤剩只鸦。

一曲秋思悲暮色，饥肠人困在天涯[①]。

注：①马致远《秋思》原文如下："枯藤老树昏鸦，小桥流水人家，古道西风瘦马。夕阳西下，断肠人在天涯。"

读元曲（二）

马迁早已论熙熙，贪利今朝匪夷思。

佛面刮金已不怪，刳油蚊腹却稀奇[①]。

注：①无名氏《讥贪小利者》原文如下："夺泥燕口，削铁针头，刮金佛面细搜求，无中觅有。鹌鹑嗉里寻豌豆，鹭鸶腿上劈精肉，蚊子腹内刳脂油，亏老先生下手！"

读元曲（三）

黎民奋起闹乾坤，变钞开河藏祸根。

百万红巾齐上阵[①]，皇宫冲破哭无门。

注：①无名氏《堂堂大元》原文如下："堂堂大元，奸佞专权，开河变钞祸根源，惹红巾万千。官方滥，刑法重，黎民怨。人吃人，钞买钞，何曾见？贼做官，官做贼，混愚贤。哀哉可怜！"

读元曲（四）

老天今日瓢翻了[①]，墙壁东西都倾倒。

若问几时可放晴，上皇都说事难保。

注：①无名氏《大雨》原文如下："城中黑潦，村中黄潦，人都道天瓢翻了。出门溅我一身泥，这污秽如何可扫？东家壁倒，西家壁倒，窥见室家之好。问天公还有几时晴？天也道阴晴难保。"

读元曲（五）

秦宫汉阙牛羊家，不辨断碑龙与蛇。

一样秋思两种调[①]，白莲绿野有人夸[②]。

注：①马致远写有两篇《秋思》曲。【双调·夜行船】写道："看密匝匝蚁排兵，乱纷纷蜂酿蜜，急攘攘蝇争血。裴公绿野堂，陶令白莲社。爱秋来时那些：和露摘黄花，带霜烹紫蟹，煮酒烧红叶。想人生有限杯，几个重阳节。"可见，他以及时行乐的思想引领全篇，和【越调·天净沙】中的思想境界完全不同。

②“白莲”指陶渊明的白莲社，“绿野”指裴度的绿野堂。

读元曲（六）

渭水秋风蜀道难，凌云阁是鬼门关[1]。

还家睡足篷窗下，耕牧渔樵四季安[2]。

注：①查德卿《怀古》云：“霸业成空，遗恨无穷。蜀道寒云，渭水秋风。”又在《感叹》中写道：“如今凌云阁，一层一个鬼门关。”

②赵显宏写了四首：《渔》《樵》《耕》《牧》，抒发乡居耕田读书、不参与政治的恬静生活。

读元曲（七）

七件篷窗无可掂[1]，又思折柳与攀花。

休言后曲翻前曲，只怪当年语太奢[2]。

注：①周德清《别友》云：“倚篷窗无语嗟呀，七件儿全无，做什么人家。柴似灵芝，油如甘露，米若丹砂。酱瓮儿恰才梦撤，盐瓶儿又告消乏。茶也无多，醋也无多。七件事尚且艰难，怎生教我折柳攀花。”

②在写作此曲之前，周德清写过另一首曲《误国贼秦桧》，批判宋朝官员“不仗义依仁”。

读元曲（八）

坐拥黄金兴趣高，不知起义军滔滔。

皇亲国戚回家转，依旧弯弓射大雕。

读元曲（九）

做官只要射飞雕，求利仅知纸发烧[①]。

励学一篇抛弃了，九儒十丐百年朝。

注：①无名氏《志感》云："不读书有权，不识字有钱，不晓事倒有人夸荐。老天只恁忒心偏，贤和愚无分辨。""求利仅知纸发烧"，指元朝滥发交钞。

读元曲（十）

翻开史册太糟糕，一曲夸张舞大刀。

认识从来遵进化，后来自有众英豪[①]。

注：①倪瓒《拟张鸣善》云："天地间，不见一个英雄，不见一个豪杰。"

南京明城墙

虎踞龙盘一粒珠，光生万朵念三朱[①]。

当年倘若无忠谏，申遗今朝只画图。

注：①三朱指［明］朱升、［明］朱元璋和朱契教授（朱契，字伯商，1911—1968）。

朱元璋（一）

律文细密傲三章，建立锦衣侦缉忙[①]。

天子冥思新举措，人皮实草挂公堂[②]。

注：①朱元璋颁布《大诰》《大诰续编》《大诰三编》《大诰武臣》等法令条文，比当年萧何"约法三章"细密得多。洪武

十五年(1382年)又建立“锦衣卫”,专门负责缉捕、刑狱和侍卫之事,直属皇帝指挥。

②据《廿二史札记》卷三十三“重惩贪吏”条载:“赃至六十两以上者,枭首示众,仍剥皮实草。……官府公座旁,各悬一剥皮实草之袋,使之触目警心。”

朱元璋(二)

天子荒唐建豹房,宦官八虎闹中央[1]。

当权文武爱阿堵,治腐惩贪梦一场。

注:①宫内建藏美女的密室,谓之“豹房”。明武宗时八名宦官操纵朝政,时人谓之“八虎”。

朱元璋(三)

两袖飘飘于少保,勤廉俭慎海青天[1]。

功夫放在条文外,又见清汤赞晋贤[2]。

注:①“于少保”指于谦,“海青天”指海瑞。

②“清汤”指清朝清官汤斌。“晋贤”指西晋鲁褒。鲁褒作《钱神论》,讽刺货币的权威。

明宫

明宫四顾报恩炬,华丽当年无觅处[1]。

十代古都冷静看,输赢都是齐民苦。

注:①指明故宫和报恩寺均毁于火。

坟头碑材

石城赤血染骷髅，虎踞龙盘拜冕旒[①]。

形象凶残忙打点，碑材依旧卧坟头[②]。

注：①指朱元璋、朱棣滥杀功臣。

②为替朱元璋树碑立传，明成祖在南京郊外开山取石，为朱元璋树碑立传。由于碑材巨大，无法运输，至今仍躺在南京东郊坟头村。

郑和下西洋

万方驾驭帝居中，踪迹建文有内衷[①]。

发展精神何处有，西边日出耀长空[②]。

注：①我个人认为，郑和下西洋的主要目的是：广施赏赉，造成"万邦臣服"的盛况；但是，也带有寻找建文踪迹的想法。

②"西边日出"指稍后葡萄牙、西班牙航海西行，发现新大陆，促使西欧发展一事。

隆庆开放（一）

上皇开放民嚣嚣，出国南洋起大潮[①]。

历尽艰辛与困苦，养家积累育新苗[②]。

注：①隆庆皇帝开放以后，一直维持到近代。

②出海贸易的商人，经过早期的艰难困苦，逐步改善了自己的生存条件，并积累了财富，培养了后代。

隆庆开放（二）

海禁取消月广兴，通商贸易年年增[①]。

华侨四百年心血，回馈家乡声誉升[②]。

注：①郑和下西洋结束以后，明朝政府实行闭关政策，断绝海外贸易。直到隆庆元年（1567年）明穆宗下令部分开放海禁。隆庆开放的意义在于使私人海外贸易得到合法的身份，突破了“朝贡贸易”的束缚，导致海外华人壮大。福建的月港和广东的广州发展成为两大海外贸易港口。

②海外华人回馈家乡，做出了巨大贡献。

隆庆开放（三）

晚清革命耀东方，贡献华侨不可忘。

立会东瀛驱鞑虏，满堂都是大清郎[①]。

注：①“立会东瀛”指在东京成立中国同盟会。中国同盟会成立时的会员，都是大清王朝政府派去日本求学的青年学生。

王阳明（一）

哲理深沉体系成，宋明诸子说人生。

若从认识论分析，格竹迷茫待客评。

王阳明（二）

道德良知不外求，人人皆有在心头。

震霆启寐消迷雾，主体精神日见稠。

王阳明（三）

内外诸因学说分，先生身后乱纷纷。
明心见性遭禅化，修己治人变具文。

《西游记》（一）

世间翘首拜天高，专政从来一样糟。
恶水穷山度岁月，猪头人格更煎熬[1]。

注：①“恶水穷山度岁月”，指沙和尚被流放在大沙河，孙悟空被压在高山下。“猪头人格更煎熬”，指猪八戒的人头被换成猪头。

《西游记》（二）

取经救世困难重，解脱三徒又小龙。
牛魔一家归正道，观音佛国最巅峰[1]。

注：①从“救民苦难”的角度考虑，观音是佛门中最杰出的代表。

海瑞

严打反贪一阵风，千年效果实朦胧。
钱神泛滥客观在，道德沦丧脑壳空。
品行提高赖学问，圣门努力见真功[1]。
朝朝上下忙廉政，也应虚心学海公。

注：①清朝初年，广东巡抚彭鹏在《重修海瑞专祠记》中说了下列两句话：品行之高，由于学问；公之忠贞耿介，公之学问为之也。

资本萌芽

资本萌芽逐利嚣，熙熙攘攘入高潮。
钱神卓地官商富，金令司天百姓凋。
无理词讼赢上诉，杀人凶手竟逍遥。
岂能商品单身进，法治修身比翼飘[①]。

注：①长期以来，学术界高度关心资本主义萌芽问题的讨论，认为它是一种社会进步。实际上，在思想倾向上，学术界只关心资本主义经济的发展，而忽视了在资本主义萌芽的同时社会伦理道德方面的滑坡问题。在这首诗中，我提出资本萌芽应与修身“比翼飘”。

顾宪成

风雨交加世事昏，书声独自定乾坤[①]。
请君一读琅嬛记，福地庋藏籍满轩[②]。

注：①顾宪成有两句名言：“风声雨声读书声，声声入耳；家事国事天下事，事事关心。”这首诗对此作了另一种解读。

②［元］伊世珍《琅嬛记》卷上云：“共至一处，大石中忽然有门，引（张）华入数步，则别是天地，宫室嵯峨。引入一室中，陈书满架。……华问地名，对曰：‘琅嬛福地也’。”

清初启蒙思想三大家：黄宗羲

一篇讨檄文[①]，大害在于君。
代议东方有，生员议政勤[②]。

注：①指《明夷待访录》。

②黄宗羲设计的“太学”，实际上起了近代“议会”的作用。有意义的是“太学”式“议会”还有一个特点，就是：将议政和教育提高结合在一起。这正是有中国特色的启蒙思想，有中国特色的议会组织。

清初启蒙思想三大家：顾炎武之一

行己有耻博学文[①]，亭林思想重千斤。

正人心急过洪水[②]，经世精神今古闻。

注：①顾炎武倡言“博学于文，行己有耻”(《论语》)。

②顾炎武说：“正人心急于抑洪水。”(《日知录》卷十二《河渠》)

清初启蒙思想三大家：顾炎武之二

博学于文行有耻，治人修己废空言[①]。

调查印证求真道，遗憾未敲域外门[②]。

注：①顾炎武批评当时的学风时说：“以明心见性之空言，代修己治人之实学。”(《日知录》卷七《夫子之言性与天道》)

②顾炎武进行调查研究，写出了《日知录》，但是顾炎武又缺乏域外知识。

清初启蒙思想三大家：王夫之

理势不能分，根源在事纷[①]。
形神与外物，功力和勤劳。
格物要穷尽，会通需博闻[②]。
参今古大变，著一代鸿文[③]。

注：①王夫之认为："势之所趋，岂非理而能然哉？"他以郡县制为例说：从来谈郡县制的都是"为一姓言也，非公义也"。秦人废封建而行郡县，当然也是从私天下着眼的。他们"斥秦之私，而欲私其子孙以长存，又岂天下之大公哉！"(《读通鉴论》卷一)后世反对郡县、主张封建的帝王，无非也是为了延长自己的国祚。可见，理是对自外而至的复杂的势的认识。认识的目的，就在于"博求之事物，以会通其得失"(《船山思问录》)。

②王夫之指出："形也，神也，物也，三相遇而知觉乃发。"(《张子正蒙注》卷一《太和篇》)这里的形是指人的形体，神是指人的精神，物是指外物。三者相遇就产生知觉。知识是自外而至的，认识的目的，就在于"博求之事物，以会通其得失，以有形象无形而尽其条理"，这就叫作"格物穷理"。

③指王夫之的名著《读通鉴论》。

清代文字狱

狱开文字清称凶，毛举株连后代朦[①]。
杀戒首开庄氏案，荒唐罪在字行中[②]。
编书仅仅三千部，毁籍泱泱一万空[③]。
多少病梅丧桎梏，人才培育盼天公[④]。

注：①清代文字狱在中国历史上最为凶残，它的严重后果，集中表现在清初以黄（宗羲）、顾（炎武）和王（夫之）为代表的学者所做的思想启蒙走向泯灭。

②庄氏狱指庄廷鑨一案。

③乾隆主持编辑《四库全书》，全书收录3400多部，但在编选过程中，仅乾隆三十九年至四十六年（1774～1781年），因犯忌讳被销毁的书籍就达500多种，共计13862部。

④龚自珍作《病梅馆记》，控诉帝王专制束缚学者的思想，使学者都成为“病梅”——病人。因此，他说：“我劝天公重抖擞，不拘一格降人才”（《己亥杂志·其二百二十》），开启了近代社会的思想启蒙运动。

大清王朝

遗甲十三首败兰，频年恶战夺金銮[①]。
风吹白骨堆堆冷，血染黄沙粒粒寒。
文字狱中冤气重，南书房里杀声欢。
莲花绽放蔓延广，国事已经很困难[②]。

注：①努尔哈赤以祖遗甲十三副起家，首战败尼堪外兰。

②莲花绽放指白莲教起义。

卧碑

明伦堂外卧碑寒，一代新皇诏令刊[①]。

培育忠清三不许，才人智慧尽摧残[②]。

注：①《清会典》载："明伦堂之左，刊立世祖章皇帝钦定卧碑，晓示生员。……所有教条并列于后：'……生员立志，当学为忠臣清官；军民一切利病，不许生员上书陈言，如有一言建白，以违制论，黜革治罪；生员不许纠党多人，立盟结社，把持官府，武断乡曲；所作文字，不许妄行刊刻，违者听提调官治罪。'"

②"忠清"即指"忠臣"与"清官"。"三不许"，即不许论政、不许结社、不许发表文章和书籍。

阮元

求实当年号大家，畴人传出一枝花。

皇权曲奏红梅病，抨击日心理路斜[①]。

注：①清阮元提倡实学，名重一时，尤其是以《畴人传》一书，介绍科技家而出名。但是，他又批判哥白尼的"天体运行论"（即他所说的"日心说"），说这种学说"上下易位，动静倒置，离经叛道，不可为训"（《畴人传》卷四十六）。

乾隆

寓禁于征肃杀寒，和珅受宠国艰难[1]。

十全凝聚血和火，忐忑弥留指玉关[2]。

注：①“寓禁于征”指编辑《四库全书》时，采取“寓禁于征”政策，焚毁大量“禁书”。

②临终前，乾隆以手指指向西方，因西方边疆动荡不稳。

赵翼

一卷史书攀马迁，纵横论述颇新鲜[1]。

江山代有才人出，各领风骚数百年[2]。

注：①赵翼著《廿二史札记》。

②以上两句系赵翼《论诗·其二》中的两句名言。

读赵翼《廿二史札记》：（一）连坐与抄家

连坐抄家历史长，千年追溯到秦王。

建元后代诛亡尽，宋武子孙冤死光[1]。

皇帝凶残加一族，功臣遭难剩清汤[2]。

和珅案发查封急，珍宝黄金大内藏。

注：①“建元”指建成和元吉，皆被李世民杀死。“宋武”指南朝宋武帝。宋武帝七子唯义季善终有后，其余皆死于非命，且无后。以上资料均见《廿二史札记》。

②指明成祖杀害方孝孺，连坐九族，又加一族，计灭十族。

读赵翼《廿二史札记》：（二）汉诏多惧言

言惧诏书念众人，太仓贯朽谷相因[①]。

汹汹马踏休夸耀，灾难土崩似暴秦。

注：①见《廿二史札记》卷二《汉诏多惧词》。

读赵翼《廿二史札记》：（三）明祖以不嗜杀得天下

不嗜杀人成帝业，早年仁义四方传。

圣贤盗贼一身有，杀尽功臣换万年[①]。

注：①《廿二史札记》卷三十六《明祖以不嗜杀得天下》云："明祖一人，圣贤、豪杰、盗贼之性，实兼而有之者也。"

读赵翼《廿二史札记》：（四）明代权奸黩贿

权奸黩贿闹朝廷，刘瑾严嵩又有宁[①]。

方万干千藏诡计[②]，抄家不见老天青。

注：①指巨贪刘瑾、严嵩和钱宁。

②贪官记录赃银，"万"作"方"，"千"作"干"。

读赵翼《廿二史札记》：（五）明乡官虐民之害

缙绅家族居乡里，一样横行积怨民。

相第凶残遭状告，起兵茂七扫风尘[①]。

注：①《廿二史札记》卷三十四载："王应熊方为相，其弟应熙横于乡，乡人诣阙击登闻鼓，列状至四百八十余条，赃一百七十余万。""起兵茂七"指邓茂七起义反抗一事。

章学诚（一）

杀儒文字狱，钦定教科书[①]。

史学沉沉寂，斯人独享誉。

注：①指统一注解“四书”，作为参加科举考试的统一教材。

章学诚（二）

读史贵知意，实风吹大地[①]。

辩章考异同，也要切人事[②]。

注：①章学诚将史学的经世作用，归纳为一句话：“作史贵知其意。”（《文史通义·言公上》）

②学术“切人事”，指学术必须与人事相结合，亦即必须“经世”。

郑板桥

饥荒水旱寸心惊，万击千磨救众生。

归去穷斋犹画竹，一枝一叶总关情[①]。

注：①根据郑板桥的诗句写成。

道德、制度与清廉、腐败（一）：老鼠哲学与李斯

追求只有富和贵，老鼠管它是与非[①]。

道德精神全丢失，咸阳等待血流归。

注：①李斯只追求富和贵，称之为“老鼠哲学”。为了荣华富贵，他投靠秦始皇。秦始皇死后又奉承秦二世，结果身败名裂。

道德、制度与清廉、腐败（二）：察举制与汉代政治腐败

当年察举号求贤，却是腐贪握大权。

不读诗书成秀士，孝廉父母两炊烟[①]。

注：①汉武帝接受董仲舒的建议采取“察举制”，代替汉初的军功任子制，成为选用人才的主要途径。但是，实行结果，照样造成任人唯亲、唯势、唯财的恶性发展，出现了“举秀才不知书，察孝廉父别居”（东汉末年民谣）的局面。察举制度不能起到廉政的作用，关键在于执行这种制度的官员，依旧贪欲膨胀。

道德、制度与清廉、腐败（三）：九品中正制与晋代政治腐败

官人九品创新制，清议私情言利弊。

道德是非第一桩，亭林论断切时势[①]。

注：①东汉以后，到魏晋时期，出现了九品中正官人制。顾亭林在《日知录·清议》中举其得，曰“存清议”；斥其失，则曰“多失实”。爱憎由私利，而九品之法渐弊。

道德、制度与清廉、腐败（四）：修行立志与清官张伯行

一粒一丝我大节，半毫半厘民脂膏[①]。

修身立志成先导，反腐清官比翼陶[②]。

注：①清初，张伯行任江苏巡抚。他是一著名清官，尝言：“一丝

一粒，我之名节；一厘一毫，民之脂膏。宽一分，民受赐不止一分；去一文，我为人不值一文。”(《却赠檄文》)

②“陶”指古代著名清官皋陶。

农民战争（一）

农战研究历史长，学人观点颇洋洋。

荡平李窦见新局，击败巾巢出祸殃[①]。

皇觉小僧登宝座，凤阳难友上刑场[②]。

洪杨烟灭湘淮起，军阀百年又嚣张[③]。

注：①指李密、窦建德起义失败，建立唐王朝以后，出现“贞观之治”；而黄巾、黄巢起义失败以后，则出现三国、五代地方官员武装长期割据的局面。

②指朱元璋领导的农民起义夺取全国政权，登上皇帝宝座以后，又大杀功臣。

③中国近代军阀是从湘淮军私有制发展而产生的。

农民战争（二）

中华学者倡师夷，起义农民花一枝[①]。

历史周期千百载，前贤观点费猜疑。

注：①指将农民战争说成是历史发展的“真正动力”。

农民战争（三）

清除暴政解民悬，去旧布新紧扣连。
枪炮声声去旧岁，梅花点点布新年。
新天未必有新习，旧习并非恋旧天[1]。
历史千年人创造，难题还要问时贤。

注：①这两句的意思是：新的统治王朝未必有新的意识形态；被推翻的王朝的意识形态，也未必跟随旧王朝消灭而消灭，它会在新王朝统治下继续存在，而且会得到新的统治阶级的拥护，继续发展。因此，每一次农民战争胜利以后，新建立的皇朝仍然以旧皇朝的主导思想为自己的主导思想，统治全国。历史就这样循环下去。

农民战争（四）

州藩割据祸绵绵，军阀害民又百年。
读史茫茫寻究竟，两黄两秀问前贤[1]。

注：①"两黄"指黄巾、黄巢；"两秀"指洪秀全、杨秀清。

我曾经写过几首诗讨论农民战争问题。从历史上看，农民战争爆发，政府为了镇压，往往依靠地方藩镇力量和民间团练武装。这样做的结果则是：农民起义被镇压下去了，但是藩镇力量和地方武装力量发展了，最终控制了地方政权。中国近代军阀跋扈、内战不已，其源头在此。

五、近代人物与事件

经今文学常州学派（一）

三经学派我江苏，八邑之都一粒珠[①]。
振臂庄刘举大纛，深沉龚魏启民愚[②]。
赶超英法策师夷，培养人才格不拘。
面向乡贤寻智慧，弘扬发展是先驱。

注：①“三经”指江苏经学三学派：扬州学派、苏州学派以及常州学派。“八邑之都”即常州。

②“庄”指庄存与，“刘”指刘逢禄，“龚”指龚自珍，“魏”指魏源。

经今文学常州学派（二）

首评名训倡公羊，正是常州学者庄[①]。
大义微言贻后进，育人改革子东床[②]。
维新托古非高见，制敌师洋真药方[③]。
教授当年一席话，至今还是不能忘[④]。

注：①“名训”即名物、训诂。庄存与提倡“公羊”，创立经今文学常州学派。

②指今文经学家龚自珍提出育人改革的思想理论。龚自珍

的父亲是常州学者段玉裁的女婿。

③指今文经学家魏源提出“师夷长技以制夷”(《海国图志》)的思想。

④常州学者吕思勉教授将常州学派的思想成就,比作西欧的思想启蒙运动。我个人认为,若从学术思想启蒙的角度看,应从庄存与开始;若从政治思想启蒙的角度看,则应从龚自珍开始。

龚自珍(一)

劲改何如自改佳,先生妙语一枝花[①]。
从来讳疾忌医治,不见赤身割尾巴。
上下勾连凝整体,政商利害结成家。
今朝有酒今朝醉,案发明天夕照斜。

注:①龚自珍主张:“与其赠来者以劲改革,孰若自改革?”(《龚自珍全集》,上海人民出版社 1975 年版,第 6 页)

龚自珍(二)[①]

鲜知万国君天下,不读诗书夺阁魁[②]。
大士慈悲救苦难,衷心送子育英才[③]。

注:①两首《龚自珍》,一般地论述了龚自珍的改革思想。关于龚自珍在中国近代政治启蒙思想方面的作用,则放在后面与魏源等近代启蒙思想家一道论述。

②这两句是根据龚自珍关于皇帝是庸主、高官是庸臣的观点写成。

③借用“观音送子”故事，说明龚自珍希望老天给世间送来人才——“我劝天空重抖擞，不拘一格降人才”。

太平天国（一）

东南西北翼天王，逼上梁山起大黄。
深挖贫穷摧旧制，力求进步出新章[①]。
两员猛将攻妖逆，十万雄师下沪杭[②]。
运祚匆匆终二世，百年功业论沧桑。

注：①颁布《天朝田亩制度》和《资政新篇》。
②林凤祥、李开芳北伐，李秀成东进苏杭。

太平天国（二）

太平史籍一箩筐，内是申韩外是洋。
反孔焚书屠士子，崇耶拜上教儿郎。
忍饥挨饿百家姓，夺利争权首义王[①]。
资政新篇论改革，叶公态度却迷茫。

注：①指“天京缺粮”和首义诸王内讧。

太平天国（三）

龙吟虎啸起烽烟，何处天堂我眩然。
北伐精英一抔土，南京宫殿九重天[①]。
居民日食谷三两，大将东征银百千[②]。
马上江山难马上，老来最喜读新篇[③]。

注：①指北伐孤军深入，结果全军覆灭；其时，在天京却新建

多处王府。

②天京缺粮，民日食谷四两（旧制，十六两为一斤）。李秀成东征，幼主逼他献银十万两始放行。

③指《资政新篇》。

太平天国（四）

湘淮崛起洪杨平，洋务官员政有声。
引进西方船炮弹，形成新式学商兵[①]。
一枪辛亥九州应，两代寡孤五鼓惊[②]。
付出虽鲜遗患在，兴亡要作多层衡。

注：①指留学生、国内洋学堂学生、绅商及新军。

②指隆裕太后及宣统皇帝。

太平天国意识形态三误（一）

朱明登位杀功臣，汉祖唐宗事业仁。
首义夺权同日舞，秀全无奈只吟呻[①]。

注：①金田起义一开始，诸王即内讧。东王杨秀清自演“天父下凡”，代天父立言，权力在天王之上。西王肖朝贵自演“天兄下凡”，牵制杨秀清。即天京后不久，洪秀全又杀死杨秀清和韦昌辉。1857年石达开出走。几年之间，首义六王仅剩下洪秀全一人藏身深宫。

太平天国意识形态三误（二）

生机勃勃追求牛，发展繁荣在后头[①]。

抛却市场一只手，贫穷世世恨悠悠。

注:①西欧的进步,最根本的原因是不断地“发展”意识。

太平天国意识形态三误（三）

世事长期动乱频，急需道德荡缁尘。

全盘否定太匆急，后代如何学做人[①]。

注:①儒家学说的精华是重视修身与道德,在政治上却是“吾从周”(《论语·八佾》)。

严复（一）

苍茫大地雾蒙蒙,天演一篇震耳聋[①]。

思想风雷功盖世,至今还要学陵公[②]。

注:①“天演一篇”指严复的著作《天演论》。

②严复,字又陵。

严复（二）

道学迷心智未开,晚清落后众人哀[①]。

或云制度是根本,制度也由认识来。

注:①严复作《救亡决论》,批评中国传统学术“无用”“无实”,“其为害也,始于学术,终于国家”。

严复（三）

两籀引来昔未知，启蒙孟德亚当斯[1]。
沁人最是非心学，翻译洋书八部奇。

注：①“两籀”指“内籀”与“外籀”，即“归纳”与“演绎”。严复又翻译了孟德斯鸠、亚当·斯密等西方著名学者的著作共有八部。

严复（四）

两籀引来昔未知，启蒙功绩无人疑。
检查公理非和是，证伪精神又欠思[1]。

注：①“两证”指“证伪”方法与“证实”方法。

严复（五）

晚年思想是非多，认识论中出谬讹。
学问从来无止境，应知真理乃长河。

李伯元

启蒙破立不相离，批判方能树两旗。
谴责功劳开众智，今朝再论需三思[1]。

注：①当年鲁迅对“谴责文学”的批评，有点过度。

孙中山（一）

驱除鞑虏洪王全，民主共和美利坚。
节制平均新事物，大英帝国找源泉[1]。

注:①这首诗写了孙中山的“三民主义”思想的来源。“民族主义”来自洪秀全的反满思想,“民权主义”来自美利坚合众国的建国原则,以平均地权和节制资本为主要内容的“民生主义”则是对英国社会实际进行反思的产物。

孙中山(二)

知难行易倡先生,实践过程两点论。
理论弘扬作用大,终身领袖众人盲[①]。

注:①孙中山终身为中国国民党总理,实践说明“知易行难”。

孙中山(三)

革命资金筹集难,西洋跑遍落霞寒[①]。
越飞忽地来中国,上下欢呼挥帽冠[②]。

注:①指孙中山求外援,受到西方国家的冷遇。
②指中国国民党与俄党结盟后,大批俄援来华。

孙中山(四)

洋私资本助华公,总理辛勤化作空。
大使富商都反对,先知却是太朦胧[①]。

注:①孙中山制定《实业计划》,他说:“盖欲使外国之资本主义以造成中国之社会主义,而调和此人类进化之两种经济能力,使之互相为用,以促进将来世界之文明也。”驻北京美国公使对他说:“吾甚望中国情形有所变更,一切中国人民将利用其钱财为生利之事业,而共襄助此伟大之经营也。”美国商务总长刘飞尔复信说:“今日似

必要将此发展计划限制，以期具有利益足引至私人资本者为限。”

民国宪政史

考察出洋后十年，洪流滚滚胜漪涟[①]。

浮云不信能遮日，喜见光芒照陌阡。

注：① 1905年清政府派五大臣出国考察宪政；1911年武昌起义；1914年袁世凯恢复帝制，旋失败。

晚年孙中山（一）

会议年初志气牛，先生岁底出新谋[①]。

天津公布小纲领，神户宣传大亚洲[②]。

放弃南方思一统，单骑北上显真求[③]。

和平奋斗救中国，叮嘱喃喃语不休。

注：① 1924年初，中国国民党召开第一次全国代表大会，通过“一大宣言”，进行领导机构改组。1924年12月7日孙中山发布《关于中国国民党最小纲领及提议召开国民会议的宣言》。

②见1924年11月28日孙中山在神户的演说。

③见1924年11月19日孙中山在上海招待新闻界茶话会的演说。

晚年孙中山（二）

革宪军绅聚一堂，议和功业事难忘①。
折冲樽俎民收益，扰攘干戈众受殃。
建党东瀛拥护少，分庭南粤追随茫②。
晚年呼吁回真道，二竖潜藏膏与肓③。

注：①指1911年南北议和取得的成就。

②指孙中山组建中华革命党和南下开府广东的失策。

③晚年呼吁“和平奋斗旧中国”，但是，他已经病入膏肓。

中原大战（一）

各路大军克故京，西东易帜换新旌。
削藩兵马中原战，党斗利权各地争①。
社稷衰微千世后，英雄泪洒万人坑②。
王由义立霸由信，谋士当年贬况卿③。

注：①北伐战争胜利后，蒋介石采取杨永泰提出的“削藩”政策，引起中原大战。各方出动的兵力总计达到百万以上，死伤三四十万。国民党内部斗争亦激烈，在南京、广州、上海分别召开了“四全大会”。

②《庄子·庚桑楚》云：“千世之后，其必有人与人相食者也。”

③《荀子》卷七《王霸》云：“义立而王，信立而霸。”荀子，名况，字卿。

中原大战（二）

皇权主义斗乾坤，历史千年思想根。
昨日已经发号令，今朝更欲树亲幡[①]。
全球胜利当总统，海岛三连胜老袁[②]。
欲识将军真面貌，中原大战现灵魂。

注：①北伐时，蒋介石已是南方国民党军委主席，主持北伐军领导工作。全国统一以后，又要排除异己，壮大自己直接指挥的嫡系武装。

②二次大战胜利以后，蒋介石当上总统；退台以后，利用《动员戡乱时期临时条款》，又三次连任“总统”。“老袁”指袁世凯。

张謇（一）

一代绅商张啬公，我华史册称英雄。
中枢决策丧根本，督抚权宜保要冲[①]。
革故鼎新忙北上，养民教幼建南通[②]。
诏书退位开民国，抛却寡孤事业崇[③]。

注：①张謇在“东南互保”活动中起了关键性的作用。

②张謇三次北上，发动“速开国会大请愿”，并致力于南通地方的建设工作。

③张謇起草《清帝退位诏书》。

张謇（二）

忘却当年创业艰，几多第一众欢颜[①]。
集资踯躅浦江路，农垦周旋沙棍间[②]。
积垢灰尘成往事，真金玉璞现光环。
啬公确是纯儒士，任事精神腰不弯。

注：①指现今人们陶醉在“南通有几个全国第一”问题上，却忘记当年张謇在南通创业的艰难。

②指当年张謇创办南通大生纱厂，在集资过程中，遇到的种种困难，以及在进行农垦事业过程中与沙棍（地痞）交涉斗争的艰苦和困难。

张謇（三）

丁忧两位状元郎，奉命居家兼务洋。
江海建成模范县，古城依旧寓公乡。
啬翁新政奔波急，院长故宫伴读忙[①]。
心系苍生师禹稷，胼胝手足志兴亡。

注：①两江总督张之洞命丁忧在籍的两位状元陆润庠和张謇分别在家乡苏州和南通创办近代工业。陆润庠志在从政，丁忧期满又回京从政去了。张謇认真创办近代工业，使南通成为当时中国的模范县。两个状元奉命办近代工业，做出不同的结果，盖由于两人的指导思想完全相反。

张謇（四）

江海南通花一枝，先生不足在师夷。
诗书读罢忧天下，工厂变型管度支[①]。
东渡交游诸校长，西儒未识凯因斯[②]。
银团监管公文到，引出百家惊与思。

注：①以大生一厂的财力经营南通地区近代化事业，不符合近代经济学原理。

②凯因斯是英国著名经济学家。

近代军阀

团练湘淮又北洋，百年军阀竞登场。
盲翁若说前朝事，应让慈禧苦果尝[①]。

注：①太平天国失败，曾国藩入京陛见，慈禧三次嘱咐他一定要多多练兵。袁世凯小站练兵也是慈禧的主张。

评“中体西用”（一）

闭塞聪明代代传，晚年太后苦纠缠。
大刀不敌三声炮，神咒化成一阵烟。
捕捉康梁寻旧梦，纵容拳众遇熬煎。
黄沙饥饿惊酣梦，遇到大江始恍然[①]。

注：①指慈禧逃到武昌才提出要推行新政。

评“中体西用”（二）

从来量质互相推，道理明明不必疑。
夷用产生新思想，故人越出旧求追。
绅商全国忙权力，学子东瀛树革旗。
用到深时必改体，制夷体用两师夷[①]。

注：①“西学为用”是量变，“西学为体”为质变。“西学为用”发展到一定程度，必然要求实行“西体”。这就是“用到深时必改体”。要“制夷”，必须从用、体两方面“师夷”，才能达到目的。魏源提出“师夷长技以制夷”应包括“用”和“体”两个方面。

评“中体西用”（三）

总督奏陈西用彰，十年天下换新妆[①]。
东瀛成立同盟会，南粤发来起义枪[②]。
武汉炮声惊世界，沪滨和议变中央[③]。
绅商兵教齐心力，国体最终效外洋[④]。

注：①清两江、湖广两总督奏呈实行“新政”，提出办洋学堂、派遣留洋学生、练新军、创办近代工业等，结果则出现了洋学生、留学生、新兵以及近代绅商。

②留日学生成为同盟会的主力。黄花岗起义主力是留学生。

③武昌起义主力是新兵。在上海举行的“南北议和”是革命党和绅商立宪派合作的成果。

④指南北议和达成协议，清廷退位，中华民国成立。

中华传统文化与近代社会（一）：忠臣孝子历来多

忠臣孝子历来多，儒学精神细琢磨。

哲理人生深邃密，五伦以外又如何[①]。

注：①传统文化中的人生论有丰富的内容。但是，儒家讲“五伦”，都是规范当事人与已知对象（君臣、夫妻、父子、兄弟、友朋）之间的行为准则。“五伦”并不包括与不熟悉的对象（例如与自己没有任何往来，也没有利益交往的广大人民群众）之间的行为规范。这是一个重大的缺失，很多重大社会问题都由此产生。

中华传统文化与近代社会（二）：心成方法闹乾坤

心成方法闹乾坤，格竹迷茫智力昏[①]。

安教养民无国策，穷兵又树十全幡[②]。

注：①中国传统文化在认识论方面十分落后，停留在“心成之学”的水平。

②指乾隆自号“十全老人”故事。

中华传统文化与近代社会（三）：昏天黑地无良策

摇尾乞怜求苟安，列强侵略国艰难。

昏天黑地无良策，壮士高歌易水寒。

中华传统文化与近代社会（四）：自可年年国运新

思辨精神进化频，人生哲学再加伦[①]。

师夷资治有方略，自可年年国运新。

注：①指加强进化认识论和第六伦水平的提高。

近代启蒙思想六大家（一）：龚自珍

不见千红与万紫，病梅思想心先死[①]。

大师高调育人才，民智初开受电始[②]。

注：①龚自珍作《病梅馆记》，控诉旧思想、旧礼教已经将知识分子束缚成为“病梅”；强调社会富强必须有人才；欲有人才，又必须解除人的思想束缚，必须使人的智慧得到发展，因此，他大力呼吁培养人才——用他的一句名言，就是：“我劝天公重抖擞，不拘一格降人才。”

②龚自珍的历史作用在于他是在黄、顾、王三位的启蒙思想被清政府文字狱政策镇压以后，第一个站出来呼吁解放思想、强国富民的启蒙政治思想家。正如梁启超在《清代学术概论》中所说：初读《定庵文集》，“若受电然”。

近代启蒙思想六大家（二）：魏源

师夷长技制洋夷，思想惊天树大旗[①]。

历史百年多曲折，箴言指导一盘棋。

注：①龚自珍提出人才的问题，魏源的确是一位人才——历史培养出来的人才。他的智慧表现在提出一个精彩的思想——“师夷长技以制夷”。这一思想，石破天惊地指出了中国走向富强的道路。

近代启蒙思想六大家（三）：洪仁玕

实践西方富国经，启蒙实早于东廷。

内容充实超洋务，可叹天王目自瞑[①]。

注:①洪仁玕《资政新篇》,应是魏源思想的具体化。洪仁玕提出的时间,比日本明治维新前西周等学者提出维新的时间要早。《资政新篇》的内容比随后清廷曾、左、李等人发动的洋务运动也更加丰富。

近代启蒙思想六大家(四):严复

先生提倡开民智,民智既开进化来。

昏睡上皇千百载,晴天爆出一声雷[①]。

注:①严复的历史功绩在于提出启蒙的关键在于"开民智"(《原强修订稿》)。"开民智"是启蒙运动的根本。

近代启蒙思想六大家(五):梁启超

新民发展严三条,功绩昭昭不动摇[①]。

云雾拨开开众智,自然后世胜前朝。

注:①梁启超提倡的"新民说"实际上就是严复提倡的"鼓民力、开民智、新民德"(《原强修订稿》)思想的发展。

近代启蒙思想六大家(六):陈独秀

两幅大旗迎面飘,启蒙思想入高潮。

问渠那得清如许,龚魏火星不断燎[①]。

注:①陈独秀是一位著名的启蒙思想家,他提出"科学"与"民主"两面旗帜。我个人认为,陈独秀的启蒙思想不是从天上掉下来的,而是总结龚、魏以来启蒙思想发展的历史的产物。"民主"就是要"解放思想","科学"就是要"弘扬理性"。

近代启蒙思想六大家小结

开智启蒙六大家，百年培育富强花。
思潮澎湃藏威力，莫把诤言当老鸦。

六、当代人物与事件

柳诒徵（一）[①]

儒士诗书遭剪锄，历时已越千年余。
秦嬴黄土忙厮杀，唐李端门喜钓鱼[②]。
佛子启开文字狱，帝王编着教科书[③]。
先生一语惊天下，弃智塞聪唏又嘘[④]。

注：①读柳著《史学与地学弁言》（载柳曾兴编《柳翼谋书信序跋选》，第44~45页）感赋。

②指秦始皇焚书坑儒和唐太宗开科取士。唐太宗登上端门见新状元缀行而出，喜曰：天下英才入吾彀中矣。

③指朱元璋发动文字狱和明成祖命翰林院编注《五经大全》《四书大全》和《性理大全》，成为知识分子准备科举考试的教科书。

④柳诒徵教授在《史学与地学弁言》中说："族性之漓，盖在近代。一坏于科举之八比文，再坏于学校之教科书，三坏于贾竖盗窃之执国柄而擅方州。闭塞聪明，绝对弃智，日造丑史，人污净土。"

柳诒徵（二）

文化中西异在何，后贤指出前贤讹[①]。
斗牛盗狐争强弱，讲理吃茶漫琢磨。
异域精神谈战勇，我华道德舞婆娑。
大师教导观今古，史学深沉宝藏多。

注：①柳诒徵在《致周谷城书（1951年）》中云："怡征尝妄谓：中西之异，以决斗及讲理两种证之可见。"又云："吾人讲史学不以理性倡导学者，转以非理性之观念评判吾史，安得发生爱国的作用哉？"（载柳曾兴编《柳翼谋书信序跋选》，第18页）

柳诒徵（三）

欧西发展世称雄，皇帝尘鞅堵塞聪[①]。
头脑昏昏禁地狱，思潮寂寂困天宫[②]。
情融山水消时序，声震洪钟表我忠[③]。
夫子潜心修巨著，一关通后万关通。

注：①"尘鞅"是套在马颈上的皮带。

②指思想界思想闭塞。

③指学术界存在的一种现象——写一些游山玩水、歌功颂德的文章。

1981年春游广西西山

榕声竹影画图中，心石凭谁说异同。
忍一点风平浪静，让三分海阔天空[①]。

注:①这两句是在西山见到的一副对联。

1987年访常乐镇[1]

卅年艰苦千秋业,一片荒滩变垦场。
不怕是非身后论,满村争颂状元郎。

注:①常乐镇,张謇故乡。

1990年在山东咏田横展览

一去三齐不复归,千年谁断是和非。
大风赤帝成灰烬,海岛孤悬鸟自飞。

1991年贺太博建馆三十五周年

龙吟虎啸起烽烟,何处天堂一眩然。
马上江山难马上,老来最喜读新篇[1]。

注;①指洪仁玕著作《资政新篇》。

1993年6月访日

中产阶级十之九,饿殍西东未见有。
休说民劳盼小休,贫穷来自悠闲走。

1994年访台(一)

不曾识面却相知,风雨沧桑意外奇[1]。
宝筏先登开觉路,机场夜色未嫌迟。

注:①指我已经编写出版了《台湾三十年(1949—1979)》,对台

湾情况有所了解。

1994年访台（二）

几十年来路太岖，今朝论道费功夫。

大潮日夜东流去，始信中山语不诬[①]。

注：①指孙中山写的一条横幅："世界潮流，浩浩荡荡，顺之则昌，逆之则亡。"

1994年访台（三）

创业艰难说更难，纷纷煮酒论兴残。

会当再剪西窗烛，峡上晴空竹报安。

1994年访台（四）

别了圆山到汉宫，风光一样赛吴中[①]。

校园西子游人醉，碧水微波落日红[②]。

注：①在台北住圆山饭店，在高雄住汉宫饭店。

②高雄中山大学校园有西子湖。

1994年访台（五）

赤坎楼前思郡王，金城大炮抗强梁[①]。

闽中文化移台岛，妈祖庙前祭祀忙。

注：①游台南赤嵌楼。

1994年访台（六）

同学少年一叶舟，相逢都已白花头。
海空雾气还沉厚，劳止四民盼小休。

1997年退休自嘲（一）

老易学难成，况予一黎氓[①]。
池塘春草尽，梧叶已秋声。

注：①仿朱熹诗。朱诗云："少年易老学难成，一寸光阴不可轻。未觉池塘春草梦，阶前梧叶已秋声。"（《劝学诗·偶成》）

1997年退休自嘲（二）

重门掩昼森，底室正阴沉[①]。
勤读还能进，高林一鸟吟。

注：①是时居住在底室。

南京解放50周年座谈会

聚会今朝白发多，峥嵘岁月尽蹉跎。
茫茫青史凭谁说，起伏心潮逐逝波。

2002年元旦偶感

七情六欲苦相煎，人事纠纷舞大鞭。
是是非非都了了，华章一缕化成烟。

叛道离经成大律

先师穷困走蓬蒿，亚圣只身脱紫袍[①]。
学问如何成圣道，上皇一口一张刀[②]。

注：①指孔、孟当年得不到统治者的重用。

②学问能不能成为“经”和“道”，完全由“上皇”决定。

群众，群盲？

汉初三杰大声名，功绩来源学问精。
无识无知无力量，唏嘘群众变群盲[①]。

注：①这首诗说明，群盲的形成是由于无知无识。

读“钱学森之问”（一）

目标培养出新姿，课程设计要重基[①]。
科学繁荣需哲学，此层先进应三思[②]。

注：①“基”指“基础”。

②我个人认为，在大学教育中，以提高思辨精神和人文精神为主要内容的哲学的缺位，是大学教育落后的最重要的原因。1952年院系调整，批判教育脱离实际，强调“学以致用”，实行“专业教育”，按专业设置制定教学计划。结果，课程设置偏狭，基础课程缺失。经过四五年的学习，经济建设的实际已经发生重大变化，毕业学生的专业知识已不能满足变化了的实际的需要；基础不深厚，又很难向需要的方向改变。这样，毕业生也就不可能适应已经发展了的实际的需要。因此，在大学读书期间，只能是打

下基础——学习基本理论、培养思辨精神和解决问题的能力。“科学繁荣需哲学”就是这个道理。

读“钱学森之问”（二）

学术钻研讲进化，分清占有与追求[①]。

聪明学者重方法，解放思维又敛收[②]。

注：①科学研究是一种永无止境的进化过程。因此，科学研究工作不是“占领”真理，而是不断地“追求”真理。

②科学家必须一方面解放思想，使自己的思想活跃起来；另一方面又必须集中，即收敛自己的思想，形成自己的新的学术观点。

读“钱学森之问”（三）

道德高居教育先，千年历史证当然[①]。

今朝蜕变成三化，休责人师不举鞭[②]。

注：①中国传统的说法有“立德、立功、立言”“德、智、体全面发展”等，德育从来放在教育工作的首位。

②“三化”指道德教育的“边缘化、外在化和知识化”。“不举鞭”指老师少有作为。

读“钱学森之问”（四）

先师至圣史书传，弟子三千七二贤。

万物之灵非绝对，成才规划受熬煎[①]。

注：①这首诗以孔夫子“三千弟子七十二贤”、成才率只有2.4%

为例，说明人才培养本来就是一件十分困难的工作。

副校长率上百人跨省斗殴

领导黉门趣事扬，百人跨省斗殴忙。
荧屏广告宣传久，观众唏嘘意未央。

川剧变脸艺术

西川戏剧演员神，黑汉娇娥变幻频。
岁月青春飞去也，先生难断哪头真。

文化产业

天下熙熙入木深，钱神夫子结连襟①。
仁人理性最精美，阿堵岂能成核心。

注：①文化是育人的，产业是营利的，两者如何能结合在一起，叫作“文化产业”？

国学（一）

文化中华一大筐，多元齐放没商量①。
孔韩结合流传久，黄老盛行历史长。
诸佛东来求佛急，巫仙北上拜仙忙。
岂能国学归儒学，游说五洲不绝粮。

注：①中华文化是多元的，不能将儒家称为“国学”。这一问题在20世纪30年代就已经讨论过。那时把“国学”改称“国故”。

国学（二）

皇皇国故一筐筐，孔子尊称为素王。
道德人生深邃密，求知认识昧愚茫[①]。
维新志士批心学，守旧先师护大梁。
后辈模糊难理解，加强思辨读西洋。

注：①儒家学说中，人生论内容非常丰富，认识论内容则相当贫乏。

《文库》出版抒怀

诗文自古倍艰难，望气察言或可刊。
真理原为心血铸，观风巧作百花看。
稀疏白发脂将尽，熙攘红尘兴已阑。
倒笼翻箱珍敝帚，一番滋味剩辛酸。

《思想合力构铸历史》抒怀（一）

价值尊严是首桩，四时温饱岂良方。
日心一卷君批评，鸹喙三声众避殃。
庶物人伦已混淆，读书格竹更茫茫。
青春岁月朦胧去，暮色苍茫恋夕阳。

《思想合力构铸历史》抒怀（二）

成见清除万境空，重重关隔豁然通。
东西南北了无迹，去旧求新合正宗。

贺中国太史会换届

廿年历史百年读，论述长期有反复。
思想提高眼界宽，繁荣希望寄新犊。

破旧立新

划分真理新和旧，概念模糊实困难[①]。
大众喧腾难作证，请君通过两重关[②]。

注：①"旧"，指过去被认为的真理。在今天它是否继续被认为是真理，需要进行科学分析，修正其错误部分，发展其正确部分，岂可一概视为"破坏"的对象？

②是否是真理，需要通过"证伪"和"证实"两方面来确定。

七、中国佛教

《金刚经》

《能断金刚般若经》,信徒郊野与朝廷[①]。

修心善护念三字,应是儒家最爱听[②]。

注:①"般若",佛家用语,意即"智慧"。《能断金刚般若经》,亦佛家用语,即指《金刚经》,意指这部经像金刚一样能断绝世间一切苦痛和烦恼。"信徒郊野与朝廷"指信佛教的人很多,遍及朝野。

②佛教提倡的"修心""善护念"与儒家提倡的"修心养性"有共同之处。

韩愈尊孔辟佛

道统孔丘继孟轲,孟轲而后谁婆娑[①]。

从周未必兴华夏,辟佛岂能奏凯歌。

注:①韩愈认为,儒家的中心思想,就是提倡"仁义道德"。在历史上,儒家形成一个道统,这个道统是:尧传之舜,舜传之禹,禹传之汤,汤传之文、武、周公,文、武、周公传之孔子,孔子传之孟子。韩愈把孟子提高到与孔子并列的地位,而他自己也就以孟子的继承人自居。这样 ,从尧舜

到韩愈形成一个与佛教对立的、完整的道统。

会昌灭佛

三朝灭佛唐高峰，阔斧大刀杀气浓[①]。

各派消声都寂寂，繁荣净土与禅宗[②]。

注：①三朝灭佛，指北魏太武帝、北周武帝以及唐武宗三次大规模灭佛行动。

②会昌灭佛以后，佛教净土宗和禅宗仍然存在，并得到发展。净土宗能够存在和发展，是因为它主张“念佛三昧”，即排除一切杂念，只口念“阿弥陀佛”——千万遍地口念，就可以排除杂念，使心境平静。这就是说，这一派佛教，只要求信徒不断地口念佛的“名号”，不需要念任何“经文”。这种佛教与中国传统的儒家的修心养性思想有一致的地方，因此在会昌灭佛以后能够存在，并得到发展与繁荣。禅宗是佛教传入中国以后，与儒家修心养性思想结合的产物，强调顿悟，不讲究读经文。有人说，它是中国化的佛教。因此，在会昌灭佛以后，也能够存在，并得到发展。

净土宗（一）

净土变成阿弥陀，超亡送死悼丧歌[①]。

慈悲救世真宗旨，佛祖人间已入魔。

注：①净土宗提倡学佛只要口念“阿弥陀佛”，口念“阿弥陀佛”又演变成为“送死悼丧”的“悼丧歌”。

净土宗（二）

信女信男似入魔，晨钟暮鼓尽消磨。
一天两次做功课，合唱声声阿弥陀。

禅宗

佛子东来换新装，禅宗思想大弘扬。
一华开出五支叶，真道菩提心里藏[1]。

注：①禅宗的南宗在会昌灭佛以后很快发展成为五宗，即沩仰宗、临济宗、曹洞宗、云门宗及法眼宗。禅宗强调“心即是佛”，强调“修心”，而不是“修行”。他们认为“禅”就是人的“心”“本性”“自性”。但是由于人的“妄想”把心盖着，使心不能显现，因此，这个心就是指清除了妄想、邪念，达到清净的境界的心，这也就是“成佛”。具体说，禅的主要内容包括两方面：一是“诸恶莫作，众善奉行”，二是“清除杂念，清净心灵”。这个要求与儒家强调修心养性、净化心灵是十分接近的。

人间佛教

禅宗儒学共徘徊，见性明心同一台。
钻木真能取火种，淤泥定出红莲来[1]。

注：①以上两句取自《坛经·疑问》慧能语：“若能钻木出火，淤泥定生红莲。”

少林寺

佛子修心善护念，何来武术一枝花。

而今菩萨收门票，折账纠纷闹府衙[1]。

注：① 2014年9月25日南京《现代快报》载：少林寺诉政府部门，要求五千万元门票分成。

电视剧《少林寺》

佛子修心无所住，深山寂寞练拳忙。

达摩面壁求真道，二祖自伤启佛光。

乱世谁知文与武，余生又见雪加霜[1]。

沙场恶战苦天下，思想深层待客量。

注：①指少林寺僧助李世民，与王世充苦战。当初谁能预料哪一位是周文王、周武王式的人物？少林寺众的选择，带有相当的盲目性。

八、国外人物事件

共产国际

国际易名三变姿，深层动力不稀奇。
废除考伯旧思想，树立苏联列与斯。

希罗多德

论衡历史两支尺，理性人仁希腊客。
学说深沉成一家，至今熠熠生颜色[①]。

注：①希罗多德所著《希波战争史》是希腊人写作的第一部全面而系统的历史著作。波斯帝国貌似强大，实则十分虚弱。它是一个专制的国家，依靠武力征服附近部落，组成松散的联合体。希腊人，尤其是雅典人，为了保护自己的自由和国家的独立，英勇作战，击败了波斯帝国。全书歌颂了雅典的民主制度。

黑暗时代史学

千载光阴称黑暗，文明才艺化成烟[①]。
幽灵上帝主人境，乱语狂言愚世贤。
论点紧跟唯教主，体裁蜕化成编年。
从来发展开民智，迷信误君只拜天。

注：①学者往往将公元476年罗马帝国灭亡到文艺复兴之间的一千年称之为“黑暗时代”。这段时期历史研究的特点是人文精神的丧失，思想内容是阐述上帝的意旨，在体裁上则是编年史的盛行。

马丁·路德[①]

反对教宗九五条，马丁功业盖天骄。
批评上帝除根本，恢复人文尽折腰[②]。

注：①马丁·路德(Martin Luther，1483—1546)，16世纪欧洲宗教改革倡导者。

②文艺复兴的核心内容是“人文主义”，号召人们从神学迷信中解放出来，否定了教皇的权威。

伏尔泰（一）

发展精神又上场，明灯带进黑档房[①]。
先生努力求真道，功绩首推理性扬。

注：①法国历史学家伏尔泰(Fran çois-Marie Arouet，1694—1778)是西欧理性史学的杰出学者。他以一种理性精神、非宗教的观点解释世界。他认为人类整个历史是一个

思想斗争和冲突的进程。他崇尚理性,尊重科学精神,反对宗教迷信。普希金说:“伏尔泰第一个把哲学的明灯,带进幽暗的历史档案库。”

伏尔泰(二)

诗歌戏剧讽群酋,理性启蒙当寇仇[①]。

异国流亡三十载,狱开文字在西欧[②]。

注:①因为讥讽教会愚昧,抨击贵族专横,伏尔泰两次被投进巴士底狱。

②伏尔泰隐居小镇近30年,84岁高龄才返回巴黎,旋即去世。

休谟

千年思想成空白,神学信条尽指责[①]。

迷信荒唐政治糟,弘扬理性最良策。

注:①休谟(David Hume,1711—1776)提倡用人们的心理动机来解释历史。他的著作《英国史》就是他的哲学思想的反映。他反对在历史解释中使用宗教和迷信的教条;指责基督教造成中世纪上千年的思想空白,提倡“理性史学”。

波普——进化认识论

进化精神大发扬,学人观点换新妆[①]。

排除谬误求真道,证伪功夫走上场。

注:①波普(Sirkarl Raimund Popper,1902—1994)出生于奥地

利，提出“进化认识论”。他认为科学理论，在本质上，只不过是科学家为了要解决他所遭遇到的问题而提出的一种试探性的解决方案、试探性的理论。由于科学理论在本质上只不过是科学家对其问题提出的一种猜测，其中必然包含有许多错误，因而科学研究的主要目的并不是要证实命题，而是要以否证命题的方式来排除理论之中的错误，并将尚未受到否证的理论，暂时留在理论之中。从“进化认识论”的角度来看，科学理论并不代表“真理”，充其量只能说是一种“近似的真理”而已。科学家并不是真理的“占有者”，而是真理的“探求者”，因此，科学研究是一种永无止境的进化历程。

又一只看不见的手

推手深藏黑暗房，兴衰何止在商场①。

人文理性都难见，学者研究解迷茫。

注：①人们肯定“一只看不见的手”——市场在发展经济中的巨大作用。其实在现实政治经济活动中往往有另一只看不见的手——思想，在发挥作用。人文和理性都是看不见的。

发展应拔第一筹

三业三权更替求①，欧西幸福冠全球②。

读书资治何为正，发展应拔第一筹。

注：①“三业”指农业、商业和工业，“三权”指神权、王权和民权。

②西欧的发展，在经济方面，是从重农发展到重商，再发展到重工；在政治方面，则是从神权政治发展到王权政治，

再发展到民权政治。

读西欧史偶感（一）

读史一箩箩，中西异在何。
从周夸古好，保守乐婆娑。
改革颂千岁，向前成赞歌。
些微有此得，岁月未虚过。

读西欧史偶感（二）

莘莘古籍众人搜，史学翻新遍五洲。
千里滔滔滚滚浪，应分主干与支流[①]。

注：① 20世纪以来，西方史学界出现许多学派，有一种现象值得注意，那就是选题细小化。我个人认为，历史研究应抓住大题目。司马迁所说“究天人之际，通古今之变，成一家之言”仍然是很重要的。

九、耄耋诗存

读朱熹《感事》两首[1]

借箸思人杰[2]，摧锋缺壮年。

腐儒空感慨，无策净狼烟。

注:①朱熹两首诗原文如下:(一)江北传烽火，胡儿大入边。已闻獯列障，不但扰屯田。借箸思人杰，摧锋属少年。偷安惭暇食，万灶起愁烟。(二)廊庙忧虞里，风尘惨淡边。早知烦汗马，悔不是留田。迷国嗟谁子，和戎误往年。腐儒空感慨，无策静狼烟。

②"借箸思人杰"，典出张良为刘邦出谋划策。张良用筷子指画当时天下的形势。

读朱熹《闻迅雷有感》[1]

君王治国缺南针，雄断何来慰众心。

似醒似眠千载后，山开地裂破顽阴[2]。

注:①朱熹原诗如下:"谁将神斧破顽阴，地裂山开鬼失林。我愿君王法天造，早施雄断答群心。"

②朱熹后一千年，出了龚自珍和魏源，提出启蒙思想，开山裂地，惊醒了中国人民。

小议东方文化圈（一）

皓首穷经迂，青灯读史愚。
病梅舞彩笔，九五化为无[①]。

注：①这四句指传统儒学导致中国近代长期落后。“九五”，即“九五之尊”，指皇帝宝座——皇帝的统治。

小议东方文化圈（二）

主体精神只五伦，客观认识伏羲神。
孤臣孽子朝朝有，洞察真机待凤麟[①]。

注：①“凤麟”即凤毛麟角，指龚自珍和魏源。

小议东方文化圈（三）

龚子望闻断病梅[①]，魏公救世一声雷[②]。
东方文化圈停滞，脱亚入欧忌徘徊。

注：①龚自珍断定当时知识界是一群“病梅”。
②魏源断定治疗之法只能是“师夷长技以制夷”，这是追求“富强”的唯一方案。

小议东方文化圈（四）

脱亚入欧活水来[①]，几家国事百般哀。
千年历史成通鉴，文化必须要放开。

注：①“脱亚入欧”就是一种精神——解放思想。

伯罗奔尼撒战争

频年恶战万民蒿，希腊文明付一刀[①]。

理性人伦哀泯灭，复仇暴疟浪滔滔。

注：①以雅典为首的提洛同盟和以斯巴达为首的伯罗奔尼撒同盟成为战争的两方。经过 27 年的大战，结果两败俱伤。雅典接受城下之盟，斯巴达也一蹶不振。

读《战争是植根于人性的文化现象》[①]

战争何处植深根，中国孟轲说最真[②]。

兽性错当人性论，恕君原是外洋人。

注：①这首诗是阅读《战争是植根于人性的文化现象——读约翰·基根〈战争史〉》后的体会，原文载《文汇读书周报》2016 年 3 月 14 日第 5 版。

②孟子说："人之所以异于禽兽者几希。"战争是人的"兽性"的产物，而不是人的"人性"的产物。

读《〈水浒〉里的人情》[①]

人情岂只在梁山，天子也难过此关。

黄白玑珠犹菲薄，皇家公主泪潸潸[②]。

注：① 2016 年 8 月 19 日《南方周末》第 E29 版，载有《〈水浒〉里的人情》一文，读后有感，作小诗一首。

②指中原专制皇帝对周边少数民族采取的"和亲政策"。

读克罗齐“一切历史都是当代史”

思想年年进，研究史上迷。

求知贵发展，我读克罗齐[1]。

注：①克罗齐(Bendetto Croce, 1866—1952)的“一切历史都是当代史”的论述，也有另一种译法：一切真历史都是当代史。我个人认为，这两种译法都应该理解为：一切历史著作都是作者根据他那个时代的思想为指导，写成的历史著作——当代思想指导下形成的著作。

亚当·斯密

两手深藏云雾里，学人悖论说端详[1]。

百多岁月艰难过，物质丰盈道德丧。

注：①亚当·斯密(Adam Smith, 1723—1790)有两本名著：《国富论》和《道德情操论》，讨论了两只看不见的手：市场与道德。两百多年来，人民只重视“市场”，而忽视了“道德”。

修昔底德

希腊学坛一大家，而今衍出一枝花。

干戈摧毁人文典，枪炮杀伤武士巴[1]。

争斗两强新陷阱，昂扬众望旧琵琶[2]。

亚当独奏两支曲，送上清心特品茶[3]。

注：①修昔底德(Thucydides，约前460—前400)著《伯罗奔尼撒战争史》，深刻分析了战争给雅典和斯巴达带来的毁灭性灾难。“武士巴”指提倡武功的斯巴达，“人文典”指提

倡人文的“雅典”。

②当前全球形势是：两强对立，与当年希腊内部形势相似。学者提出“修昔底德陷阱”问题，引起全球重视。

③亚当·斯密写了两部不朽著作：《国富论》和《道德情操论》。我个人认为，化解“修昔底德陷阱”必须弘扬亚当·斯密提出的两只手：市场经济和道德情操。

孔子与亚里士多德

亚里士多与孔丘，两大圣哲耀全球。
弘扬理性求知识，礼教后生拜冕旒[1]。
脱亚入欧改政制，尊王贱众困西周[2]。
增强辨力功居首，解放思潮是主流。

注：①亚里士多德(Aristotle，前384—前322)强调“求知”，提出“为知识而知识”；孔子则强调“伦理纲常”，宣传“吾从周”。

②日本学者提倡“脱亚入欧”，其基本目的是解放思想，追求新知。

“为知识而知识”

学术追求真善美，何须提出用和无。
用时方恨读书少，岂可醉心当陋儒[1]。

注：①亚里士多德提倡“为知识而知识”，中国有句名言：“书到用时方恨少”(《警世贤文·勤奋篇》)，都是对“学以致用”观念的质疑。

“社会科学入史”

三更困顿在书房，改革求新意念诚。

社会学科引入史，创伤最是小卿卿[①]。

注：① 20世纪50年代以后的一个时期，海峡两岸兴起史学革新的浪潮，主张“社会科学入史”。这一浪潮的结果，促进了社会史的研究，包括人口史、会党史、灾荒史、流民史、慈善事业史等在内的研究项目的兴起和繁荣，成绩是可喜的。但是历史研究最根本的要求——“通古今之变”，却没有做出多大成就。这一场活动，不利于年轻一代史学家的成长。

新儒家

洋儒首创新人文，留美归来办学衡[①]。

国粹新知融一体，弁言宗旨重千斤。

注：①美国新人文主义学者白璧德(Irving Babbitt，1865—1933)提倡新人文主义(New humanism)，主张孔子的“克己复礼”思想与亚里士多德以后西方人文主义者的思想相结合，甚至赞扬孔子之道优于西方的人文主义。这实际上是新儒家的思想渊源。留美学生梅光迪等回国以后，在南京东南大学(今南京大学)积极弘扬这种新人文主义思想，创办了《学衡》杂志。围绕着《学衡》杂志，形成了一个很有影响的文化派别——“学衡学派”。

新儒家与当代儒家

新在中西两汇通，宣言五八去朦胧[1]。

儒家当代弘传统，岂可摇身变一同。

注：① 1958 年“四教授宣言”，提倡中西人文精神文化的融合，赞成这一主张的学者便称为“新儒家”。当代儒家指弘扬中国传统文化，沿袭孔孟学术传统的学者。新儒家与传统儒家的主要区别在于是否主张儒家文化与西方人文主义结合。这一区别在 1958 年“四教授宣言”中表现得非常明确。

当代大儒梁漱溟

当代大儒梁漱溟，经纶满腹西洋瞑[1]。

异端忽地遭阳九，犹演人心伴夜星[2]。

注：①梁漱溟应是当代大儒，是传统儒学大家，艾恺教授誉之为“最后的儒家”。其实，梁漱溟是“当代儒家”并不是当代“最后的儒家”。不主张“中西人文精神传统互相结合”的思想家，不能冠之为“新儒家”，只能冠之为“当代儒家”。

②梁漱溟被批判以后，晚年，他仍然致力于修改他的文稿——《人心与人生》。

论《中国哲学史》的“跛足”现象

中华哲学高高飘，光照学林兢折腰。

短板在于认识论，如能补缺更娇娇[1]。

注：①哲学应包括两个主要方面：人生论与认识论。拜读有关中国哲学史的各家著作，有一个突出印象，那就是关于

认识论方面的论述很少，出现“跛足”现象。

赞李约瑟撰写《中国科学技术史》

道德人生一朵花，客观认识只桠杈。

客卿喜见成名著，补缺还能助大家[①]。

注：①英国学者李约瑟（Joseph Needham，1900—1995）著《中国科学技术史》一书。我以为，可以以这部著作为基础，吸取精华，写出一部包括认识论在内的中国哲学史。

读史小结（一）实证

搜罗伤肚肠，史料太洋洋。

板凳十年冷，青春黑档房[①]。

注：①普希金赞赏伏尔泰称：将哲学的明灯带进幽暗的历史档案库。

读史小结（二）思辨

学者重三思，读书贵有疑。

过关又斩将，假说变新知。

读史小结（三）进化认识论

大道太精微，读书识几希。

弘扬进化论，求是又知非。

读史小结（四）历史研究悖论多

历史研究悖论多，百年岁月尽蹉跎。
全凭心血求真道，兴趣老来识舛讹。

九十抒怀

长篇靠电脑，短袖无清风。
岁暮归期亟，偎依老祖宗。

伍子胥

兴吴败越大功劳，伍子忠心志气牢。
几句不符君主意，比干而后一张刀[①]。

注：①伍子胥助阖闾兴吴败越，立下巨大功劳；但是，夫差继位以后，因政见不合，最终被夫差杀害。

郭子仪

权谋愚忠两不离，汾阳富贵众人师[①]。
一边赢得君王赞，另手能融左右疑。

注：①郭子仪曾经被封为“汾阳郡王”。

张居正（一）

金钱权势不能少，宠幸大臣两件宝。
十万三年过了时，先生视作一棵草[①]。

注：①“十万三年”即是指“三年清知府，十万雪花银”。

张居正（二）

张公改革古书传，六事疏呈面貌全。

省议论和重诏令，中心思想固皇权[1]。

注：①张居正《陈六事疏》是他实行改革的基本文件。六件事是：省议论、振纪纲、重诏令、核名实、固邦本、饬武备。显然，这是一份巩固专制皇权统治的改革方案。

闻人工智能在围棋比赛中战胜国手（一）[1]

大脑思维局限多，健康情绪又人和。

世称智士唯诸葛，司马空城一曲歌。

注：① 2016~2017 年，岁尾年初，60 场人工智能与中、日、韩围棋天才的车轮大战中，人工智能挑落了几乎所有围棋界的天才与泰斗。作诗抒怀。

闻人工智能在围棋比赛中战胜国手（二）

计算棋坛大发威，与人战斗见机微。

精神进化是真理，史学繁荣开一扉[1]。

注：①人工智能的胜利，是进化认识论思想的胜利。这也就进一步证明：真理是一条永无止境的长河。

闻人工智能在围棋比赛中战胜国手（三）

七情六欲压心头，大脑智商虑不周。

学问从来重数据，愈多数据愈多愁。

就“人机大战”事与有关人士商榷（一）

几场大战没输家，此话说来理太差[1]。
电脑超过人脑智，昭昭日月语何夸。

注：①“人机大战”消息出台以后，有人在报刊上发表文章，说：“人机大战没有输家。”读后有感，一口气写了七首歪诗。我的基本观点有两条：第一，人的智力受到主客观因素的干扰比较多，包括健康、情绪、记忆能力、利害关系等方面，有的因素很难摆脱，也无法摆脱；第二，“大数据”已经而且进一步成为决策的必然依据，人的智力不能适应处理大数据的需要，必须利用计算机——人工智能，这是历史发展的必然。

就“人机大战”事与有关人士商榷（二）

落后已经成病梅，而今喜见智人来。
上皇睡醒三百载，轰出师夷又一雷。

就“人机大战”事与有关人士商榷（三）

一叶飞来一代知，学坛研究出新机。
神人进退有方略，吁请先生再四思。

就“人机大战”事与有关人士商榷（四）

计算棋坛大发威，真人战斗失机微。
精神进化呼千岁，史学繁荣开一扉。

就"人机大战"事与有关人士商榷(五)

一场棋赛太新鲜,机器居然跑在先。
真理只凭大数据,专家处理似翻天。

就"人机大战"事与有关人士商榷(六)

一堆大数据,机器颇悠然。
传统读书人,茫茫只叫天。

读多卷本《希腊哲学史》(修订本)"前言"有感(一)

哲学繁荣科学优,西欧历史耀全球[①]。
精华三点需牢记,辩证和逻辑范畴[②]。

注:①西欧科学长期发展与古希腊哲学发展有密切关系。
②古希腊哲学的特点,主要表现在重视三个方面:逻辑、辩证和范畴。

读多卷本《希腊哲学史》(修订本)"前言"有感(二)

中华哲学重纲常,认识功夫赖上苍。
岁月如梭逾百代,沉疴无法抗西洋。

读多卷本《希腊哲学史》(修订本)“前言”有感(三)

精华逻辑起源早,辩证思维是个宝。

更有范畴要记牢,长青学术永难老[①]。

注:①逻辑、辩证法和范畴是希腊哲学中不可分割的三个组成部分,也是提高人类智慧的根本。本人赞同这样的观点。学者坚持这三条,一定会在学术上取得成就。

怀念中学老师

一方净土三家庄,碧水微波久不忘[①]。

攻读南雍七十载,师恩包括泰和姜[②]。

注:①我初中在姜堰荣汉中学读书,校址在西郊三家庄。高一和高二上在姜堰中学生补习学社读书,校舍借用“猪业公会”原址,环境甚美,同学曾用两句话来形容:“碧水一弯,土山半绕。”“碧水微波”指的就是姜堰中学生补习学社。

②高中主要在泰州培梓中学读书。诗中所云“泰姜”,即指泰州与姜堰。

咏史三百首定稿

岁月悠悠似梦中,寒窗独坐听秋风。

钟山风雨书难读,几首闲诗诉五衷。

读史仅一得，真理是长河

八十读书往事多，白头回顾似爬坡。
海陵吴老教逻辑，白下熊师细琢磨[①]。
已拜恩师学马列，又遭报纸斥牛魔[②]。
读史一生仅一得，认知进化似长河[③]。

注：①指在高三读书时，吴友三老师开设《形式逻辑》一课；大一读书时，熊伟教授开设《西方哲学史》一课。

②"学马列"指孙叔平教授指导我读《资本论》；"批牛魔"指报章杂志发表大量文章，批判我美化忠王李秀成。

③读史一生，方知真理似长河，东去滔滔无尽头。

王安石变法

手推大宋试新幡，人祸天灾更替繁。
落日紫金阴气晦，夜深犹读半山园[①]。

注：①王安石罢官后，仍安居在南京半山园读书生活。

柳诒徵教授论"忠"

古夏尚忠私利遮，终生不可恋官衙。
追求实利去浮侈，包括帝王一大家[①]。

注：①柳诒徵《中国文化史》云："夏道尚忠，本于虞。以孔子所言味之，如'忠利之教'、'忠而不犯'、'近人而忠'，则言君主及官吏之忠于民者二，而言官吏忠于君主者一。……足见夏时所尚之忠，非专指臣民尽心事上，更非专指见危授命。第谓居职任事者，当尽心竭力求利于

人而已。人人求利于人而不自恤其私，则牺牲主义、劳动主义、互助主义悉赅括于其中，而国家社会之幸福，自由此而蒸蒸日进矣。”（上海古籍出版社2001年版，第90页）

柳诒徵教授论“孝”

孝道纭纭氲与氤，敬宗尊祖岂双亲。

庙祧厚葬真情动，四海唐人胜结姻[①]。

注：①柳诒徵教授在《中国文化史》中写道：“……皆非仅以顺从亲意为孝。举凡增进人格、改良世风、研求政治、保卫国土之义，无不赅于孝道。即以禹之殚心治水，干父之蛊为例，知禹惟孝其父，乃能尽力于社会国家之事。其劳身焦思不避艰险，日与洪水猛兽奋斗，务出斯民于窟穴者，纯孝之精诚所致也。……观《甘誓》：‘用命赏于祖，不用命戮于社’，知战陈之勇，正为孝子所嘉。后世务为狭义之孝者，不可以咎古人。……后世之于祭礼，因革损益，代有不同，而相承至今，无贵贱贫富，咸隆此祀祖之谊，虽侨民散处列邦，语言衣服胥已变异，而语及祖宗之国，父母之邦，庙祧坟墓之重，则渊然动其情感，而抟结维系，唯恐或先。”（上海古籍出版社2001年版，第93～94页）

柳诒徵教授论“无极”

中华哲学越千年，只讲人伦与佛禅。
辟地开天有盘古，穿衣吃饭靠神天。
高深玄远逊方外，立志修身成圣贤。
无极一言鞭入里，大家解读有新篇①。

注：①柳诒徵教授在《中国文化史》中，对北宋哲学家周敦颐关于“太极”以上必有“无极”一说，作出新的评述。他认为，持“太极说”者自必承认有“无极”。周敦颐和朱熹都看到这一点。陆九渊“执着于学派家法，而未求之于太极之先也。然诸儒公认太极以下诸说，而力争太极以上有无无极之义，其不囿于人生观，而必欲穷宇宙之原理，亦为前此儒家所未有矣”（上海古籍出版社2001年版，第576页）。步进智和张安奇合著的《中国学术思想史稿》中也有下列一段评述：“在此可以明显看出，周敦颐是把‘无极’和‘太极’两者结合起来考察宇宙本原的实体的特征，显示了这位理学开创者在宇宙本原问题探索上的理论深度。一方面，‘自无极而太极’，说的是‘无极’虽名之为‘无’，但无中包括着‘有’，而不是绝对的虚空；另一方面，‘太极，本无极’，说的是‘太极’根源于‘无极’。……这说明周敦颐已将‘无’和‘有’统一起来，把宇宙本原规定为实有而非物、本无而不空的统一的原始实体。这就从理论上克服了以往玄学、佛学空无本体论的局限性，为宋明理学的‘理’本体论奠定了基础，同时也是对以往哲学思辨的理论总结。”（中国社会科学出版社2007年版，第285～286页）由此观之，如果从“无极”一说追究下去，有可能促成自然科学认识论的出现和发展。

读《未来简史》(一)

一册读来血涌头,将来大众究如何。
神人岂可成多数,理性弘扬不必愁。

读《未来简史》(二)

一局围棋民智开,方针教育问题来[①]。
岂能只顾当前事,百岁树人莫徘徊。

注:①教育方针需要调整,以适应培育“神人”的需要。

读《未来简史》(三)

岂是神人降自天,仍须攻读哲三篇[①]。
弘扬理性是关键,科学森森仍似烟[②]。

注:①“哲三篇”指哲学中的人生论、认识论和价值论三个方面的内容。
②发展科学的关键在于解放思想、弘扬理性;欲充分弘扬理性,又必须提高认识论水平。

读《剑桥学者解读人工智能“恐慌症”》(一)[①]

天生智力不平衡,岂可世间无一盲。
想到神人统治日,自然胆颤又心惊[②]。

注:① 2017 年 3 月 14 日《中国社会科学报》第 3 版载文《剑桥学者解读人工智能“恐慌症”——理性应用智能技术是关键》,读后有感,写成三首七绝。
②人的智慧水平不是整齐划一的,总有一部分人不可能培

养成为“神人”。在人工智能控制的社会中，他们一定会感到无法工作，甚至无法生活。因此，感到恐慌是必然的现象。问题不在于承认不承认出现这种现象，而是如何应对这种现象的出现。

读《剑桥学者解读人工智能“恐慌症”》（二）

天下换妆已可料，绸缪未雨有人跳。

百年大计教为先，书到用时方恨少[①]。

注：①治疗“智慧恐慌症”的最基本方法就是提高人民大众的科学水平——发展教育，使大多数人有可能成为“神人”；至少能够使绝大多数人民群众具有工作和生活自理的能力。要扩大青年学生的知识面。“书到用时方恨少”是正确的、符合实际的教育理念。

读《剑桥学者解读人工智能“恐慌症”》（三）

培养神人奏凯歌，弘扬理性勿蹉跎。

三卷哲学化行动，慈善胸怀乐婆娑[①]。

注：①人的发展总是不平衡的。由于智力发展、疾病、身体健康等多种原因，总会出现一批甚至一大批人员不具备在“智慧社会”中生活的能力，这就需要发挥高度人道主义关怀，发展社会慈善救助事业。

十、敬谢师友

南大七十年抒怀（一）学校变迁

血染白门怨气舒，瘦身无语意踌躇①。
教师媚外遘阳九，经籍扬封烂鲍鱼②。
朵朵红花成点缀，堆堆芳草叹唏嘘③。
从来德智育人急，只有项王不读书。

注：①我是1947年秋考进中央大学经济学系读书的。1949年4月迎接南京解放，学校改名为南京大学。1951年毕业。这一年国家开始对大学毕业生实行统一分配工作制度。根据华东教育部的分配方案，我被分配到当时的东吴大学经济系。但是南大党组织把我扣下来，分配到学校图书馆做政治工作。1952年院系调整以后，我先后在学校宣教科和教务处工作；1956年又调我到历史系工作。1997年年满七十时退休。到2017年，累计我在南京大学读书工作养老整整七十年了。

“血染白门”指两场发生在南京的学生运动，一次是1947年“五二〇”学生运动；另一次是1949年“四一”学生运动。这两次学生运动都流了血。“五二〇”学生运动爆发时我还没有入学；“四一”学生运动时，我已经是二年级学生，参加了，但没有被打伤。“瘦身”指1952年的院系调整。南京大学的规模,由原有的七大学院几十个系科,缩小到十一个系。当时师生有些意见,但是,在“学习苏联先进经验”的大背景下,这些意见并没有反映出来。

②我采用“遘阳九”的典故,目的是点出当时教授被打成“臭老九”的历史。在教师被打成“臭老九”的同时,古籍也被认为是宣扬封建的破摊货。

③以上两句说的是学生的遭遇。

南大七十年抒怀(二)谢师友

岁月悠悠已似烟,几桩往事忆犹鲜。
恩师讲读开心智,主任关怀授教鞭[①]。
三字诤言钻进去,两条叮嘱信尤坚[②]。
众多友好勤帮我,牢记前贤志不迁。

注:①“恩师”指孙叔平教授。1953年春他担任南京大学副校长时,组织我和杜闻贞、李乾亨三人建立备课小组,由孙教授讲述《资本论》,准备开设《政治经济学》课。这段历史对我个人提高思维能力起了极大的作用。“主任”指陈毅人主任,当时他担任南大政治辅导处主任。是陈主任批准将我调到历史系工作,给我提供了一个有利的工作环境。

②“三字诤言”指南大1958年春季运动会闭幕式上,郭影秋校长号召全校师生“坐下来,钻进去”。“钻进去”,这三个字给我以深刻的影响。我一直相信:高校教师就是要“钻进去”。“两条叮嘱”指匡亚明校长对我讲的两句话:“不要紧张,再写文章。”事情发生在1964年秋。那时,我因为

发表了一篇评论李秀成的文章，受到公开批判。一次历史系召开大会，匡校长也来参加了。在系办公室门口，他小声对我说了两句话："不要紧张，再写文章。"在我极端困难的时候，匡校长对我讲的这两句话，我一直牢记在心，并一直成为我前进的动力。

南大七十年抒怀（三）献言

高校精神一脉传，未来面向非当前[①]。
寻求正义论真理，批判反思衡古贤[②]。
学术领军需气勇，内容解放靠心坚。
后生摆脱紧箍咒，白首千钧举教鞭[③]。

注：①大学教育应面向未来，非仅仅适应当前需要。
②大学教育应追求社会正义，在批判反思前贤成果的基础上继续前进。
③这两句要求学生独立思考，教师勤于教学。

赠历史学院同学（一）

历史中心广大人，兴亡治乱有遵循。
水舟理论仁和恕，通古知今是宝珍[①]。

注：①我个人认为，在中国历史上，李世民的思想，体现了浓厚的人文精神。正是这种精神导致了"贞观之治"。可是，在人文精神方面，李世民却有不可原谅的缺失。这一首诗说明历史学家需要弘扬人文精神，并以人文精神为指导思想衡量历史事件和历史人物。

赠历史学院同学（二）

是是非非说不清，大师格竹百年盲。
提高认识需逻辑，进化精神心自明[①]。

注：①这一首诗说明历史学家需要提高逻辑学水平，特别是要研究进化认识论——认识论也是不断发展的。

释南大校训（一）

八字要求意境高，诚能做到已迢迢。
中庸释意最明确，择善固从非一朝[①]。

注：①南大校训有八个字："诚朴雄伟，励学敦行"，重点在于"诚"。江谦校长在校歌中写道："大哉一诚天下动。"这一校训，在历史上，培育了许多精英学者。如何解读"诚"字。我认为，《中庸》对"诚"的解读是很经典的："诚之者，择善而固执之者也。"这是"诚"的本义。也就是说，"诚"有两层意义：一是"择善"；二是"固执之"，即"固从之"，也就是"坚持下去"。

释南大校训（二）

大学光阴叹短长，如何择善费周章。
做人首在弘修德，求识求知贵有方[①]。

注：①我个人认为，一个"诚"字，从广义上说，已足够表达对青年学生的要求（包括其他七个字的要求在内），也容易记牢。大学教育如何"择善"？我个人认为需要重视两点：一是如何做人，即提高道德水平；二是如何求知，即思想方法教育，也就是提高思想理论水平。

《南京稀见文献丛刊》

已出书目

1. 《南唐书》(两种)　　(宋)马令　(宋)陆游

2. 《六朝事迹编类·六朝通鉴博议》　　(宋)张敦颐　(宋)李焘

3–6. 《景定建康志》　　(宋)周应合

7. 《金陵百咏·金陵杂兴·金陵杂咏·金陵百咏(外一种)》
(宋)曾极　(宋)苏泂　(清)王友亮　(清)汤濂

8. 《洪武京城图志·金陵古今图考》　　(明)礼部　(明)陈沂

9. 《南京·南京》　　(明)解缙　(民国)李邵青

10–12. 《金陵梵刹志》　　(明)葛寅亮

13. 《金陵玄观志》　　(明)葛寅亮

14. 《金陵琐事·续金陵琐事·二续金陵琐事》　　(明)周晖

15. 《客座赘语》　　(明)顾起元

16. 《后湖志》　　(明)赵官等

17. 《金陵世纪·金陵选胜·金陵览古》　　(明)孙应岳　(清)余宾硕

18.《献花岩志·牛首山志·栖霞小志·覆舟山小志》

（明）陈沂　（明）盛时泰　（民国）汪訚

19.《留都见闻录·金陵待征录》　（明）吴应箕　（清）金鳌

20.《板桥杂记·续板桥杂记·板桥杂记补》

（明末清初）余怀　（清）珠泉居士　（清末民初）金嗣芬

21.《建康古今记》　（清）顾炎武

22.《摄山志》　（清）陈毅

23.《白下琐言》　（清）甘熙

24.《盋山志》　（清）顾云

25.《秣陵集》　（清）陈文述

26.《钟山书院志》　（清）汤椿年

27.《秦淮广纪》　（清）缪荃孙

28.《随园食单·白门食谱·冶城蔬谱·续冶城蔬谱》

（清）袁枚　（民国）张通之　（清末民初）龚乃保　（民国）王孝煃

29.《承恩寺缘起碑板录·律门祖庭汇志·扫叶楼集·金陵乌龙谭放生池古迹考》

（清）释鹰巢　（清末民初）释辅仁　（民国）潘宗鼎　（民国）检斋居士

30.《骆博凯家书》　〔德〕骆博凯

31.《金陵杂志·金陵杂志续集》　（清末民初）徐寿卿

32–33.《金陵琐志九种》　（清末民初）陈作霖　（民国）陈诒绂

《运渎桥道小志》　（清末民初）陈作霖

《凤麓小志》　（清末民初）陈作霖

《东城志略》　(清末民初)陈作霖

《金陵物产风土志》　(清末民初)陈作霖

《南朝佛志寺》　(清末民初)孙文川　陈作霖

《炳烛里谈》　(清末民初)陈作霖

《钟南淮北区域志》　(民国)陈诒绂

《石城山志》　(民国)陈诒绂

《金陵园墅志》　(民国)陈诒绂

34–36.《南京愚园文献十一种》　(清)胡恩燮(民国)胡光国等

《白下愚园集》　(清)胡恩燮等　(民国)胡光国

《白下愚园续集》　(清)张之洞等　(民国)胡光国

《白下愚园续集(补)》　(清)潘宗鼎等　(民国)胡光国

《愚园宴集诗》　(清)潘任等

《白下愚园题景七十咏》　(清)胡恩燮　(民国)胡光国

《愚园楹联》　(民国)胡光国

《白下愚园游记》　(民国)吴楚

《愚园题咏》　(民国)胡韵蕖

《愚园诗话》　(民国)胡光国

《愚园丛札》　佚名

《灌叟撮记》　(民国)胡光国

37.《梁代陵墓考·六朝陵墓调查报告》

(清末民初)张璜　(民国)中央古物保管委员会编辑委员会

38.《金陵关十年报告》　(清末民国)金陵关税务司

39.《金陵胜迹志》 （民国）胡祥翰

40.《金陵岁时记·岁华忆语》 （民国）潘宗鼎 （民国）夏仁虎

41.《秦淮志》 （民国）夏仁虎

42.《明孝陵志》 （民国）王焕镳

43.《金陵大报恩寺塔志》 （民国）张惠衣

44.《首都计划》 （民国）国都设计技术专员办事处

45-46.《总理陵园管理委员会报告》 （民国）总理陵园管理委员会

47.《总理奉安实录》 （民国）总理奉安专刊编纂委员会

48.《总理陵园小志》 （民国）傅焕光

49.《新都胜迹考》 （民国）周念行 徐芳田

50.《新京备乘》 （民国）陈迺勋 杜福堃

51.《新南京》 （民国）南京市市政府秘书处

52.《陷京三月记》 （民国）蒋公穀

53.《外人目睹中之日军暴行》 〔英〕田伯烈

54.《冶城话旧·东山琐缀》 （民国）卢前

55.《南京》 〔德〕赫达·哈默尔 阿尔弗雷德·霍夫曼

56.《南京概况》（秘密） （民国）书报简讯社

57.《南唐二陵发掘报告》 南京博物院

58.《南雍咏史》 茅家琦